LES

MOHICANS

DE PARIS

PAR

ALEXANDRE DUMAS

4

PARIS
ALEXANDRE CADOT, ÉDITEUR
37, rue Serpente

1854

LES MOHICANS DE PARIS

Ouvrages de A. de Gondrecourt.

Le Baron Lagazette.	5 vol.
Le Chevalier de Pampelonne.	5 vol.
Mademoiselle de Cardonne.	3 vol.
Les Prétendants de Catherine.	5 vol.
La Tour de Dago.	5 vol.
Le Bout de l'Oreille.	7 vol.
Un Ami diabolique.	3 vol.
Médine.	2 vol.
La Marquise de Candeuil.	2 vol.
Le Légataire.	2 vol.
Le dernier des Kerven.	2 vol.
Les Péchés mignons.	5 vol.

Ouvrages d'Alexandre Dumas fils.

Le Roman d'une Femme.	4 vol.
Tristan-le-Roux.	3 vol.
Le Docteur Servans.	2 vol.
Césarine.	1 vol.
Aventures de quatre femmes.	6 vol.

Ouvrages de Léon Gozlan.

Georges III.	3 vol.
Aventures du Prince de Galles.	5 vol.
La Marquise de Belverano.	2 vol.

LES
MOHICANS
DE PARIS

PAR

ALEXANDRE DUMAS

 4

PARIS
ALEXANDRE CADOT, ÉDITEUR
37, rue Serpente.

1854

1

Où il est prouvé que l'on peut, par hasard, et une fois sur cent, rencontrer de bons voisins.

Le douzième arrondissement était, en 1827, et est encore aujourd'hui, l'arrondissement le plus pauvre de la capitale, comme on peut le voir sur l'état numérique de la population indigente de Paris publié par l'administration de l'assistance publique d'après le dernier recensement.

Ainsi, dans le premier arrondissement, le chiffre de la population indigente est de 3,707 individus sur 112,740 habitants, tandis que, dans le douzième arrondissement, sur une population de 95,243 habitants, le nombre des indigents est de 12,204.

Ce qui, dans le rapport de la population indigente à la population générale, donne cette effrayante proportion :

Dans le premier arrondissement, 1 sur 304.

Dans le douzième arrondissement, 1 sur 77.

Si l'on songe que c'est dans cet arrondissement que demeure le plus grand nombre de chiffonniers, cochers, savetiers, marchands revendeurs, porteurs d'eau, portefaix et journaliers de tous les états, on verra que nous n'avons rien exagéré en disant que cet arrondissement était et est encore aujourd'hui le plus misérable.

Cet arrondissement présente, à vol d'oiseau, une forme à peu près quadrilatérale; il est divisé en quatre quartiers qui portent le nom de quartier de l'Observatoire, quartier Saint-Jacques, quartier du Jardin des Plantes, et quartier Saint-Marcel.

A mesure que nous avancerons dans notre récit, comme une grande partie des événements de cette histoire doit se passer dans le douzième arrondissement, nous montrerons peu à peu, et successivement à nos lecteurs, la physionomie de ces divers quartiers.

Disons tout d'abord qu'une des parties les plus pittoresques est celle du quartier Saint-Jacques comprise entre la rue du Val-de-Grâce et la rue de la Bourbe, appelée aujourd'hui rue du Port-Royal.

En effet, en remontant la rue Saint-Jacques, de la rue du Val-de-Grâce au faubourg, toutes les maisons du côté droit, vieilles, laides et mal bâties, conduisent à des jardins ravissants et comme il en reste quelques-uns à peine autour de certains hôtels aristocratiques de Paris.

C'est dans une maison située entre les numéros 330 et 350 de la rue Saint-Jacques que nous allons conduire nos lecteurs. Nous croyons leur montrer un pays tout à fait inconnu, et quiconque, en songeant au quartier Saint-Jacques, sent d'habitude lui monter au cerveau les odeurs fétides de la misère, sera bien surpris peut-être, et surtout bien charmé, nous l'espérons, en respirant avec nous le parfum des roses et des jasmins qui entre par les fenêtres de ces appartements privilégiés donnant sur une véritable échappée du paradis terrestre.

La façade de la maison qu'habitent les héros de la lugubre histoire racontée par M. Jackal était de ce ton triste et blafard dont le temps et la pluie badigeonnent les vieux murs de Paris.

On entrait dans la maison par une petite porte étroite, et l'on s'engageait dans un couloir sombre même en plein jour.

Celui qui fût entré pour la première fois dans ce couloir l'eût pris pour un coupe-gorge conduisant à quelque atelier de chiffonnier ou de faux monnayeur; mais à peine l'explorateur eût-il franchi la dernière dalle, qu'il se fût trouvé dans une espèce d'Eden.

En effet, en débouchant du couloir, on entrait dans une cour qui conduisait à un vaste jardin; là, on était véritablement ébloui en voyant une petite maison blanche à contrevents verts, les flancs ornés de roses grimpantes, de chèvrefeuille et de clématites, et les pieds baignés dans un lac de gazon.

La maison était composée d'un rez-de-chaussée et de deux étages dont les fenêtres, grâce à la situation ravissante du petit bâtiment, s'ouvraient toutes sur le jardin; ces trois étages, y compris le rez-de-chaussée, formaient six appartements; composés chacun uniformément de trois pièces et d'une cuisine.

Quatre de ces appartements, les deux du rez-de-chaussée et les deux du premier étage, étaient occupés par des familles d'ouvriers qui, sobres et rangés, au lieu d'aller se griser à la barrière comme leurs camarades d'atelier, consacraient leur journée du dimanche à cultiver un bout de jardin formant les dépendances de leur modeste habitation.

Au deuxième étage demeuraient, sur le même palier, l'un à droite, l'autre à gauche, les deux personnages principaux de cette histoire.

Celui qui occupait le petit appartement à gauche était un jeune homme de vingt à vingt-trois ans à peu près ; beau garçon à la figure franche, aux yeux bleu clair, aux cheveux blonds tombant carrément sur ses épaules carrées. Il était plutôt petit que grand de taille; mais la largeur de ses épaules indiquait chez lui une force peu commune. Il était né à Quimper ; mais il était parfaitement inutile de jeter les yeux sur son extrait de naissance pour voir qu'il était Breton, tant son visage portait l'empreinte de l'énergie et de la loyauté de la belle race gaélique.

Son père, vieux gentilhomme pauvre, retiré dans une tour, dernier débris d'un château féodal du treizième siècle abattu pendant les guerres de la Vendée, l'avait laissé à Paris, où il avait fait son éducation, pour y étudier le droit. En sortant du collége, le jeune Colomban de Penhoël était donc venu s'établir dans ce petit appartement de la rue Saint-Jacques, qu'il habitait depuis trois ans, c'est-à-dire depuis 1823, époque où commence notre récit.

Son père lui faisait une petite pension de douze cents francs par an : le brave homme partageait ainsi avec son fils tout ce qui lui restait de son patrimoine.

L'appartement de Colomban ne lui coûtait que deux cents francs par an, il restait donc au jeune homme mille francs, c'est-à-dire une fortune entière pour un jeune homme sobre, économe, rangé comme il l'était.

Nous nous trompons en disant qu'il lui restait mille francs par an : des mille francs nous devons retrancher la location d'un piano — soit dix francs par mois — seul luxe que Colomban se permît, sans doute afin de ne pas faire mentir un des axiomes politiques des anciens Bretons, axiome conservé jusqu'à nos jours, et qui place, dit Augustin Thierry, le musicien à côté de l'agriculteur et de l'artisan, comme étant un des trois piliers de l'existence sociale.

On était au mois de janvier de l'année 1823. Colomban venait de commencer sa troisième année de droit : dix heures du soir sonnaient à l'église Saint-Jacques-du-Haut-Pas.

Le jeune homme était assis au coin de sa cheminée, occupé à étudier le code Justinien, quand, tout à coup, il entendit des lamentations et des gémissements épouvantables.

Il ouvrit la porte du palier, et vit, sur la porte parallèle à la sienne, une jeune fille pâle, échevelée, fondant en larmes, se tordant les mains, appelant au secours !

L'appartement faisant face à celui de Colomban était occupé par une jeune fille et sa mère; la mère était veuve d'un capitaine tué à Champ-Aubert, pendant la campagne de 1814, et vivait d'une pension de douze cents francs, et de quelques travaux d'aiguille que lui procuraient les lingères du quartier.

Elle habitait seule, depuis six mois, cet appartement, quand, un matin, Colomban, en revenant de l'école de Droit, aperçut sur son palier une grande et belle jeune fille qui lui était complétement inconnue.

Colomban était peu causeur de sa nature, et ce ne fut que quelques jours après cette apparition, qui, au reste, s'était renouvelée deux ou trois fois, qu'il apprit d'un de ses voisins du rez-de-chaussée que mademoiselle Carmélite était fille de madame Gervais, sa voisine ; qu'elle avait été élevée, en qualité de fille d'un officier de la Légion-d'Honneur, à la maison royale de Saint-Denis, et qu'ayant terminé son éducation, elle revenait vivre avec sa mère.

Cette rencontre du jeune homme et de la jeune fille avait eu lieu vers le mois de septembre 1822, à l'époque des vacances. Colomban était donc allé, une quinzaine de jours après sa rencontre, passer deux mois à la tour de Penhoël, et, de retour au mois de novembre, il n'avait eu, jusqu'au mois de janvier 1823, que de rares occasions de voir la jeune fille : on se rencontrait quelquefois sur le palier, tenant à la main la boîte au lait ; on se saluait poliment, mais sans échanger un mot.

La jeune fille était trop timide; Colomban, trop respectueux.

Un jour, cependant, où le jeune homme, plus matinal que de coutume, montait l'escalier, portant son déjeûner quotidien, il rencontra la jeune fille, qui, en retard de quelques minutes, descendait chercher le sien.

Elle arrêta en rougissant le jeune homme, qui, après avoir salué, non pas en étudiant, mais en gentilhomme — la première éducation ne se perd jamais — remontait chez lui, et, lui adressant la parole :

— J'ai une prière à vous faire, monsieur, dit-elle ; nous aimons beaucoup la musique, ma mère et moi, et nous passons d'habitude tous les soirs une heure très agréable à vous entendre chanter au piano; mais, depuis trois jours, ma mère est gravement indisposée, et, bien qu'elle ne se soit pas plainte, le médecin, en nous faisant visite, hier au soir, tandis que vous chantiez, nous a dit que le bruit du piano devait la fatiguer.

— Pardon, mademoiselle, répondit le jeune homme en rougissant à son tour jusqu'au blanc des yeux, j'ignorais entièrement la maladie de madame votre mère ; croyez que je ne me pardonnerais jamais d'avoir joué, l'ayant sue...

— Oh! mon Dieu! monsieur, dit la jeune fille, c'est moi qui vous demande pardon de vous priver d'un plaisir, et je vous remercie de vouloir bien vous imposer cette privation pour nous.

Les deux jeunes gens se saluèrent, et, en rentrant chez lui, Colomban avait fermé son piano pour ne plus le rouvrir que quand madame Gervais serait en bonne santé.

Seulement, depuis cette heure, il rencontra plus fréquemment la jeune fille. La maladie de la mère empirait; à chaque minute, Carmélite courait de chez le médecin à la pharmacie; plusieurs fois, à une heure assez avancée de la nuit, Colomban l'avait entendue descendre ; il eût bien désiré lui offrir ses services — et jamais fille plus à plaindre n'eût reçu les services d'un cœur plus loyal et plus désintéressé ; — Mais Colomban avait une timidité égale à sa loyauté ; la forme de l'offre l'embarrassait, d'ailleurs, plus que l'offre elle-même, et ce ne fut qu'en entendant la jeune fille appeler au secours avec des cris si désespérés, qu'il osa venir se mettre à sa disposition.

Malheureusement, il était trop tard ; ce n'était pas le besoin de secours qui avait contraint la jeune fille à appeler ; c'était la terreur, c'était l'effroi.

Madame Gervais, qui gardait le lit depuis quatre jours, sur la grave menace d'un anévrisme arrivé à son dernier degré — ce que le médecin s'était bien gardé d'annoncer à Carmélite — madame Gervais, pour combattre un étouffement tout près de la priver de respiration, avait demandé un verre d'eau; la jeune fille, qui n'avait pas voulu le lui donner pur, était allée le préparer dans la chambre voisine; une espèce de gémissement ressemblant à un appel la fit se hâter. Elle rentra et trouva sa mère, la tête renversée en arrière; elle lui passa le bras sous le cou, et lui souleva la tête : la pauvre femme regardait son enfant d'une façon étrange; elle ne pouvait parler, à ce qu'il paraissait : mais toute son âme était passée dans ses yeux. Carmélite effrayée, tremblante et, cependant, forte de sa terreur même, continuait de soulever la tête de sa mère, et approchait le verre de ses lèvres ; mais, au moment où les lèvres et le verre allaient se toucher, madame Gervais poussa un soupir profond, douloureux, prolongé ; puis sa tête pesa de tout son poids sur le bras de sa fille, et retomba avec lui sur l'oreiller.

L'enfant fit un effort, souleva la tête une seconde fois, et introduisit le verre entre les lèvres de sa mère en disant :

— Bois donc, mère !

Mais les dents étaient serrées, et la malade ne répondit pas. Carmélite haussa le pied du verre : l'eau coula des deux côtés des lèvres, mais ne pénétra point dans la bouche.

Les yeux de la malade étaient restés démesurément ouverts, et semblaient ne pouvoir se détourner de sa fille.

Carmélite sentit la sueur perler sur son front.

Cependant, ces grands yeux tout ouverts lui donnaient du courage.

— Mais bois donc, petite mère! répéta-t-elle.

La malade ne répondit pas plus cette fois que la première. Alors, il sembla à Carmélite que le cou, qu'elle soutenait de son bras, se glaçait rapidement, et que ce froid mortel la gagnait! Epouvantée, elle laissa retomber la tête de sa mère sur l'oreiller, reposa le verre sur la table, se jeta sur le corps de sa mère, l'entourant de ses deux bras, lui couvrant le visage de baisers, et se levant pour la regarder avec des yeux presque aussi fixes que les siens; alors seulement la pauvre enfant, pleine de vie, qui n'avait jamais songé que le seul être qu'elle eût et qu'elle aimât au monde pût mourir, la pauvre enfant eut un pressentiment terrible! et, cependant, elle qui venait d'entendre sa mère lui parler, il n'y avait qu'un instant, ne pouvait

pas croire que ce fût une chose possible
que le passage de la vie à la mort sans se-
cousse, sans cris, sans bruit : elle colla ses
lèvres sur le front de sa mère ; mais ses
lèvres, brûlantes de fièvre, éprouvèrent
une sensation terrible en touchant ce front
de marbre.

Elle recula de trois pas en arrière, effrayée, mais non convaincue.

La tête était retombée, tournée légèrement du côté de la chambre, de sorte que
les grands yeux fixes continuaient de regarder la jeune fille avec un reste d'expression maternelle ; mais ces yeux, au
lieu de lui rendre du calme, commençaient
à épouvanter Carmélite.

Alors, éperdue, regardant à droite et à gauche, mais revenant toujours à fixer les yeux sur ces yeux effrayants, elle se mit à crier de toute la force de ses poumons :

— Mère! mère! mais parle-moi donc! réponds-moi donc! mère, ou je vais croire que tu es morte... que tu es morte! répéta-t-elle en se rapprochant avec angoisse.

Mais, devant l'immobilité cadavérique de ce corps, elle demeura immobile elle-même après un pas essayé. Elle continua d'appeler sa mère avec des cris déchirants, mais sans oser la toucher; et ce fut, lasse de ne pouvoir obtenir une réponse, n'osant pas rester plus longtemps dans cette chambre, sous les regards de ces yeux de spectre, redoutant tout, mais n'étant certaine de rien, qu'elle ouvrit la porte de l'appartement, et se mit à crier : « Au secours ! »

Colomban sortit de chez lui à ces cris, et aperçut, comme nous l'avons dit, la jeune fille échevelée, baignée de larmes, et se tordant les mains.

— Monsieur ! monsieur ! dit-elle, ma mère me regarde, mais elle ne me répond pas !

— Elle est probablement évanouie de faiblesse, répondit le jeune homme, qui était aussi loin qu'elle de croire à la mort.

Et il entra dans la chambre à coucher.

Il tressaillit en apercevant ce corps, qui avait pris en quelque sorte l'aspect d'un cadavre : la face était décolorée; les membres étaient rigides ; la main, au poignet de laquelle il cherchait les battements du pouls, était froide comme un marbre.

Il se souvenait, lui aussi, d'avoir vu, enfant de quinze ans, sa mère, la noble comtesse de Penhoël, étendue sur son lit de parade, et il reconnaissait, empreinte au front du cadavre qu'il avait à cette heure sous les yeux, les teintes violacées de la mort.

— Eh bien, monsieur ?... eh bien ?... demanda Carmélite en sanglotant.

Le jeune homme fit semblant de continuer de croire à un évanouissement, afin de préparer peu à peu la jeune fille au coup qui allait la frapper.

— Oh! dit-il, votre mère est bien mal, pauvre enfant!

— Mais pourquoi ne me répond-elle pas, monsieur? pourquoi ne me répond-elle pas?

— Approchez-vous, mademoiselle, dit Colomban.

— Je n'ose... je n'ose... Pourquoi me regarde-t-elle ainsi? que me demande-t-elle? que veut-elle donc, à me regarder ainsi?

— Elle demande que vous lui fermiez les yeux, mademoiselle! elle demande que nous priions pour le repos de son âme!

— Mais elle n'est pas morte, n'est-ce pas? s'écria la jeune fille.

— Agenouillez-vous, mademoiselle! dit Colomban en lui donnant l'exemple.

— Que dites-vous là, monsieur?...

— Je dis, mademoiselle, que Dieu, qui nous a donné la vie, a le droit de nous la reprendre quand il lui plaît.

— Oh! s'écria la jeune fille, comme frappée de la foudre; oh! je vois, je vois... ma mère est morte!

Elle se renversa en arrière, comme si elle allait mourir elle-même.

Le jeune homme la reçut dans ses bras, et la transporta évanouie sur son lit, qui était dans l'alcôve de la pièce voisine.

Aux cris poussés par la jeune fille, au bruit qu'avait fait la scène que nous venons de raconter, la femme d'un des ouvriers du premier étage était montée, avec une femme de ses amies qui était chez elle en ce moment.

Les deux femmes, trouvant toutes les portes de l'appartement ouvertes, entrèrent et aperçurent Colomban essayant de faire revenir la jeune fille à elle en lui frappant dans les mains.

Comme ce remède n'opérait pas assez vivement, une des femmes prit la carafe qui était sur la toilette, et en inonda le visage de la pauvre orpheline.

Carmélite revint à elle, grelottant et tremblant; les deux femmes voulurent la déshabiller et la mettre au lit.

Mais elle, faisant un effort, et se roidissant sur ses pieds, se tourna vers Colomban.

— Monsieur, vous avez dit que ma mère demandait que je lui fermasse les yeux... Conduisez-moi près d'elle... conduisez-moi, je vous en prie! Sans quoi, ajouta-elle en approchant avec terreur sa bouche de l'oreille de Colomban, sans quoi, elle me regarderait ainsi pendant l'éternité!

— Venez! dit le jeune homme, qui

croyait voir un commencement de délire dans les yeux de l'orpheline.

Et elle traversa sa chambre, appuyée sur le jeune homme, entra dans la chambre de sa mère, dont le regard, quoique déjà vitreux, avait conservé sa terrible fixité, s'approcha du lit à pas lents, roides, solennels, et, se penchant sur le cadavre, elle lui abaissa les paupières pieusement et l'une après l'autre.

Après quoi, les forces lui manquant, Carmélite tomba sur le cadavre de sa mère, et s'évanouit une seconde fois.

II

Fra dominico Sarranti.

Le jeune homme prit Carmélite dans ses bras, et la transporta comme il eût fait d'un enfant dans la chambre voisine, où attendaient les deux femmes.

Le moment était venu de la déshabiller et de la coucher.

Colomban se retira chez lui en priant une des femmes de venir le joindre aussitôt que la jeune fille serait au lit.

La voisine entrait dix minutes après chez Colomban.

— Eh bien? demanda-t-il.

— Eh bien, elle est revenue à elle, dit la voisine; mais elle tient sa tête à deux mains, et prononce des paroles sans suite comme si elle avait le délire.

— A-t-elle des parents? demanda le jeune homme.

— Nous ne lui en connaissons pas.

— Des amies, dans le quartier?

— Aucune amie! c'étaient des gens bien tranquilles, bien honnêtes, qui vivaient très retirés; cela ne connaissait personne au monde.

— Que comptez-vous en faire, alors? Elle ne peut pas rester dans cet appartement mortuaire. Il faudrait la changer de chambre.

— Je vous offrirais bien la mienne, dit la voisine ; mais nous n'avons qu'un lit... Après cela, ajouta la brave femme comme se parlant à elle-même, j'enverrai mon homme coucher dans le grenier, et je passerai la nuit sur une chaise.

Ces dévoûments pour des inconnus appartiennent exclusivement à certaines femmes de la classe ouvrière : la femme du peuple offre sa table, sa chambre, son lit avec plus de désintéressement que le boutiquier n'offre un verre d'eau. Que la douleur morale ou physique l'appelle à son aide, que ce soit un homme à l'agonie ou un homme au désespoir, la femme du peuple offre ses soins, ses consolations, ses secours de toute nature avec une générosité et une abnégation qui sont un de ses plus beaux titres à l'admiration du philosophe et de l'observateur.

— Non, dit Colomban, faisons mieux : traînez le lit de la jeune fille dans ma chambre, traînez le mien dans son alcôve; puis allez chercher un prêtre pour veiller près du lit mortuaire : j'irai, moi, chercher un médecin pour elle.

La voisine parut hésiter.

— Qu'y a-t-il? demanda Colomban.

— Il y a que j'aimerais mieux aller

chercher le médecin, et que ce fût vous qui alliez chercher le prêtre.

— Pourquoi cela ?

— Parce que la bonne dame est morte subitement.

— Hélas! oui, bien subitement.

— Et, par conséquent, morte... vous comprenez ?

— Non, je ne comprends pas.

— Morte sans confession.

— Eh bien! mais vous avouez vous-même que c'était une sainte.

— Oui, mais un prêtre... un prêtre n'entendra point de cette oreille-là!

— Comment! un prêtre refuserait de veiller une morte?

— Une morte qui ne s'est pas confessée, il y a gros à parier.

— C'est bien... Alors, chargez-vous du médecin; je me charge du prêtre.

— Oh! le médecin, ce n'est pas bien loin : c'est presque en face.

— Je demande seulement quelqu'un pour porter une lettre rue du Pot-de-Fer.

— Donnez-moi la lettre ; je trouverai bien quelqu'un.

Colomban s'assit à une table et écrivit :

« Venez, mon ami! un vivant et un mort ont besoin de vous. »

Et, pliant la lettre, il y mit cette adresse :

« A frère Dominique Sarranti, moine dominicain, rue du Pot-de-Fer, n° 11. »

Puis, remettant la lettre à la voisine :

— Tenez ! dit-il.

La voisine descendit.

Pendant qu'elle descendait, Colomban opérait le déménagement projeté, en tirant son lit dans la chambre de la jeune fille, et en tirant le lit de la jeune fille dans sa chambre, à lui.

La femme en visite chez la voisine se chargeait de rester près de Carmélite jusqu'à l'arrivée du médecin, et, s'il le fallait, de passer la nuit à son chevet.

Le délire augmentait de moment en moment.

La femme s'installa près de Carmélite ; Colomban descendit chez l'épicier, acheta un cierge, le plaça au chevet de la morte, et l'alluma.

En l'absence de Colomban, la voisine était rentrée avec le médecin, et, laissant l'homme de science près de la malade, elle avait rendu à la morte le soin pieux de lui croiser les mains sur la poitrine, et de lui mettre un crucifix entre les mains.

Colomban alluma le cierge, se mit à genoux, et récita les prières des morts.

Il n'y avait pas trop des deux femmes pour soigner Carmélite ; le médecin avait reconnu les premiers symptômes d'une méningite ; il avait laissé une ordonnance, recommandant de la suivre sévèrement ; il ne dissimulait point la gravité du cas : la méningite, de simple qu'elle était, pouvait devenir aigue.

Quant à la mère, elle était morte de la rupture d'un des gros vaisseaux du cœur.

Beaucoup d'esprits forts eussent ri en voyant ce beau jeune homme de vingt-deux ans à genoux près du lit d'une femme inconnue, et disant les prières des morts dans le livre d'heures aux armes de sa famille.

Mais Colomban était un religieux Breton des anciens jours, qui eût, ainsi que ses ancêtres, vendu terres et châteaux pour suivre Gaultier-sans-Argent à Jérusalem, en disant : *Diex le volt !*

Il priait donc avec une ferveur réelle, en cherchant à exiler de sa prière toute idée terrestre, lorsqu'il entendit derrière lui le bruit d'une porte qui crie sur ses gonds.

Il se retourna.

Celui qu'il avait envoyé chercher venait à son appel : frère Dominique, avec son beau costume blanc et noir, était sur le seuil.

Ce jeune moine, de vingt-sept à vingt-huit ans à peine, était à peu près le seul ami — sauf ces camarades de collége qu'on est convenu d'appeler des amis, et qui font une race à part — ce jeune moine, disons-nous, était à peu près le seul ami que Colomban eût à Paris.

Un jour, Colomban, passant devant l'église Saint-Jacques-du-Haut-Pas, avait vu la population du faubourg s'encombrant à la porte; il avait demandé ce que c'était, et on lui avait répondu qu'un jeune moine vêtu d'nne longue robe blanche faisait un sermon.

Il était entré.

Un moine, en effet, jeune d'âge, mais vieilli soit par les austérités, soit par la douleur, était en chaire, et prêchait.

Son sermon avait pour sujet la *Résignation*.

Le moine l'avait divisé en deux parties bien distinctes.

Dans les malheurs qui viennent de Dieu, c'est-à-dire dans les cas de mort, d'accidents terribles, d'infirmités incurables, il disait :

« Oui, résignez-vous, mes frères ! courbez-vous sous le bras qui châtie ; priez et adorez ! La résignation est une vertu ! »

Mais, dans tous les malheurs qui viennent des hommes, comme ambitions déçues, fortunes ruinées, projets avortés, il disait :

« Réagissez contre la mauvaise fortune, mes frères ! relevez-vous, forts de votre confiance dans le Seigneur, dans votre droit et dans vous-mêmes ; engagez la lutte et soutenez le combat ! La résignation est une lâcheté ! »

Colomban attendit que le sermon fût

fini, et, au sortir de l'église, il alla serrer la main du moine, comme il eût fait, non pas à un personnage revêtu d'un caractère sacré, mais à tout homme en qui il honorait ces trois vertus que son propre caractère le mettait à même d'apprécier :

La simplicité, l'honnêteté, la force.

A partir de ce jour, les deux jeunes gens — le moine était de quatre ou cinq ans l'aîné de Colomban — à partir de ce jour, les deux jeunes gens s'étaient découvert une rare communauté de principes et de sentiments.

En conséquence, ils s'étaient étroitement liés, et il était bien rare qu'une fois ou deux par semaine ils n'allassent point passer deux ou trois heures l'un chez l'autre.

Jetons un regard en arrière, et voyons ce jeune moine venir à nous, grave et pensif, sur le chemin austère du passé.

Il s'appelait Dominique Sarranti, et avait plus d'une analogie, plus d'un rapport avec ce sombre saint dont le hasard avait fait son patron.

Il était né à Vic-Dessos, petite ville de l'Arriége, située au bord d'une forêt, à six lieues de Foix, à une enjambée de la frontière d'Espagne.

Son père était Corse, et sa mère Catalane; il tenait de l'un et de l'autre : il avait la sombre mémoire du Corse, la terrible ténacité du Catalan. Quiconque l'eût vu en chaire avec son geste puissant, quiconque l'eût entendu avec sa grave et austère parole, l'eût pris à l'instant même pour un jeune moine espagnol en mission en France.

Son père, né à Ajaccio la même année que Bonaparte, attaché à la fortune de son compatriote, en avait subi toutes les vicissitudes : il avait accompagné l'empereur vaincu à l'île d'Elbe; il avait suivi Napoléon trahi à Sainte-Hélène.

En 1816, il était revenu en France. Pourquoi avait-il quitté sitôt l'illustre prisonnier? Gaétano Sarranti avait prétexté l'insalubrité du climat, la dévorante chaleur du soleil.

Ceux qui le connaissaient ne croyaient point à ce motif, et ils regardaient Sarranti comme un de ces agents mystérieux que l'empereur répandait, disait-on, en France, pour tenter un retour de Sainte-Hélène, comme il avait tenté un retour de l'île d'Elbe, ou tout au moins, si ce retour était impossible pour veiller aux intérêts de son fils.

Il était entré, comme précepteur de

deux enfants, chez un homme très riche nommé M. Gérard.

Ces enfants n'étaient point le fils et la fille de M. Gérard : c'étaient son neveu et sa nièce.

Mais, tout à coup, en 1820, lors de la conspiration Nantès et Bérard, Gaëtano Sarranti avait disparu, et l'on disait qu'il était allé rejoindre, dans l'Inde, un ancien général de Napoléon entré, dès 1813, au service d'un prince de Lahore.

Nous avons déjà dit un mot de cette fuite de Gaëtano Sarranti, à propos de la disparition du charron de la rue Saint-Jacques, frère de la mère Boivin ; disparition qui avait fait que la petite Mina, ayant trouvé fermée la porte à laquelle elle venait frapper, avait été recueillie par le maître d'école et sa famille.

Nous avons parlé à ce propos aussi d'un fils qu'avait au séminaire Saint-Sulpice ce Corse fugitif.

Ce fils, c'était le personnage dont nous essayons de tracer le portrait ; c'était frère Dominique Sarranti, que son aspect espagnol faisait généralement appeler *fra Dominico*.

Le jeune homme s'était destiné de tout

temps à l'état ecclésiastique ; sa mère morte, son père partant pour Sainte-Hélène, il avait été mis dans un séminaire.

A son retour en 1816, son père — voyant avec peine cette vocation dans un jeune homme qui pouvait être toute autre chose que prêtre — son père, disons-nous, avait tenté un dernier effort pour le faire rentrer dans la vie civile ; il rapportait avec lui une somme considérable pour assurer l'indépendance du jeune homme ; mais celui-ci avait refusé avec obstination.

En 1820, quand Gaëtano Sarranti avait disparu, son fils, pensionnaire, comme nous l'avons dit, à Saint-Sulpice, avait été appelé plusieurs fois à la police.

Une fois, ses camarades l'avaient vu rentrer plus sombre et plus pâle encore que de coutume.

Une accusation bien autrement grave que celle d'un complot contre la sûreté de l'État pesait sur son père.

Non-seulement il était accusé d'avoir voulu, à l'aide de moyens violents, renverser le gouvernement établi, mais encore une instruction se poursuivait contre lui, comme prévenu du vol d'une somme de trois cent mille francs appartenant à ce M. Gérard, des neveux duquel il était précepteur, mais encore on lui imputait la disparition, avait-on dit d'abord, et même l'assassinat, disait-on maintenant, de ces deux mêmes neveux !

Il est vrai que, bientôt après, l'instruction commencée fut abandonnée ; mais l'exilé n'en restait pas moins sous le poids de la terrible accusation.

Tous ces événements rendirent Dominique de plus en plus sombre comme homme, de plus en plus austère comme prêtre.

Aussi, au moment de prononcer ses vœux, déclara-t-il qu'il voulait entrer dans un des ordres les plus sévères, et choisit-il l'ordre de saint Dominique, qui a pris en

France le nom d'ordre des Jacobins, en raison de ce que le premier couvent de cet ordre fût bâti rue Saint-Jacques.

Il prononça ses vœux, et fut ordonné prêtre le lendemain de sa majorité, c'est-à-dire le 7 mars 1821.

Il y avait donc un peu plus de deux ans déjà, à l'époque où nous sommes arrivés, que frère Dominique était dans les ordres.

C'était, à cette heure, un homme de vingt-sept à vingt-huit ans, avec de grands yeux noirs, vifs, clairs, pénétrants, au regard profond, au front soucieux, au visage pâle et austère, à l'attitude fière, énergique, résolue ; il était grand de taille, sobre de gestes, concis de paroles ; sa démarche était noble, lente, grave, rhythmée en quelque sorte ; en le voyant passer dans la rue, cherchant l'ombre des maisons pour y plonger son front rêveur, qui portait incessamment la trace d'un sombre chagrin, on l'eût pris pour un de ces beaux moines de Zurbaran, qui, descendu de la toile, eût fait, fugitif du sépulcre, sa rentrée sur la terre du pas égal et sonore du convive de pierre se rendant à l'invitation de don Juan.

Au reste, la volonté inflexible et la profonde énergie dont cette figure fatale était empreinte, révélaient plutôt la rigidité de principes austères que le combat de passions ambitieuses.

C'était, en outre, le jugement le plus droit, l'esprit le plus sain, le cœur le plus abondant, qui existât au monde.

Le seul crime irrémissible dont un homme pût se rendre coupable à ses yeux, c'était l'insouciance en matière d'humanité ; car l'amour de l'humanité lui semblait l'élément principal de la vie des peuples ; il avait d'admirables élans d'enthousiasme quand il entrevoyait dans l'avenir, si éloigné qu'il fût, cette harmonie universelle fondée sur la fraternité des nations, et qui doit faire le pendant de l'harmonie universelle des mondes.

Lorsqu'il parlait de l'indépendance future des nations, c'était avec une éloquence entraînante; on se sentait alors emporté vers lui et avec lui par un élan de sympathie irrésistible; sa parole vous laissait comme un reflet de son cœur; sa parole vous communiquait sa force! on était illuminé par les rayons de sa flamboyante énergie; on était prêt à prendre un pan de sa robe, et à dire : « Marche devant, prophète; je te suis! »

Seulement, un ver terrible rongeait ce fruit savoureux : c'était cette accusation de vol et d'assassinat qui pesait sur son père absent.

III

Symphonie du printemps et des roses.

Tel était le jeune moine qui apparaissait sur le seuil.

Il s'arrêta, frappé du spectacle qu'il avait devant les yeux.

— Ami, dit-il de sa voix la plus triste, à laquelle il savait, dans l'occasion, donner un accent consolateur, la femme qui est couchée là n'est ni votre mère ni votre sœur, j'espère?

— Non, répondit Colomban; j'avais quinze ans quand j'ai perdu ma mère, et je n'ai jamais eu de sœur.

— Dieu vous conserve pour la consolation de vieux jours de votre père, Colomban!

Et il s'apprêta à s'agenouiller devant le cadavre.

— Attendez, Dominique, dit Colomban ; je vous ai envoyé chercher...

Dominique l'interrompit.

— Vous m'avez envoyé chercher, dit-il, parce que vous aviez besoin de moi. Je suis venu ; me voici.

— Je vous ai envoyé chercher, ami, parce que cette femme que vous voyez couchée là, frappée comme d'un coup de foudre par la rupture d'un des gros vaisseaux du cœur, toute bonne chrétienne, toute sainte femme qu'elle était, vient de mourir sans confession.

— C'est à Dieu seul et non pas aux hommes à juger dans quelles dispositions elle est morte, dit le moine. Prions !

Et il s'agenouilla au chevet du lit.

Colomban, sachant qu'il y avait une garde près de la fille, un prêtre près de la mère, put dès-lors vaquer aux soins de l'inhumation.

En passant, il s'informa de l'état de Carmélite.

Le jeune fille, épuisée, s'était endormie sous l'influence d'une potion opiacée, prescrite par le médecin.

Colomban prit tout l'argent qu'il avait chez lui, jusqu'au dernier sou ; puis il régla avec l'église, avec les pompes funèbres, avec le conservateur du cimetière, tous détails de ce cinquième acte de la vie.

Le soir, à sept heures, il était rentré.

Il retrouva Dominique, sinon en prières, du moins en méditation, près du chevet de la morte.

L'homme de Dieu n'avait pas quitté un instant la chambre funèbre.

Colomban exigea qu'il allât prendre quelque nourriture.

Le moine ne semblait pas soumis aux besoins ordinaires de la vie ; il obéit cependant aux sollicitations de son ami; mais, au bout de dix minutes, il était de retour et avait repris sa place au chevet de la morte.

Quant à Carmélite, elle s'était réveillée avec un redoublement de délire.

Au moins la pauvre enfant, n'ayant plus la conscience de son état, ignorait tout ce qui aller se passer.

Mieux valait, à tout prendre, les cuisantes douleurs du corps que les profondes angoisses de l'âme.

Les voisines se chargèrent des soins pieux de l'ensevelissement ; un menuisier apporta la bière ; des vis furent substituées aux clous, afin qu'au fond de son délire, Carmélite n'entendît point les coups frappés sur le cercueil de sa mère.

La mort ayant été subite, ce ne fut que le surlendemain que le corps fut porté à Saint-Jacques-du-Haut-Pas.

Frère Dominique dit la messe funèbre dans une chapelle particulière.

Puis le corps fut transporté au cimetière de l'Ouest.

Colomban suivait le corps avec deux ouvriers qui avaient consenti à perdre leur salaire du jour pour remplir ce pieux devoir.

La fièvre cérébrale de Carmélite suivit son cours; admirablement traitée par le médecin, elle fut obligée de reculer pas à pas devant la science.

Au bout de huit jours, la jeune fille avait repris connaissance; au bout de dix jours, le médecin répondait d'elle; le quinzième jour, elle se levait.

Ses larmes coulèrent; elle était sauvée !

Cependant, la faiblesse de la pauvre enfant était telle d'abord qu'à peine si elle pouvait articuler un son.

En rouvrant les yeux, elle avait aperçu à son chevet la loyale figure de Colomban, la dernière figure qu'elle eût vue en fermant les yeux, la première qu'elle vît en les rouvrant.

Elle fit un petit signe de tête en manière de reconnaissance et de remercîment ; puis elle sortit des draps sa main amaigrie par la fièvre, et la tendit au jeune homme, qui au lieu de la serrer, la baisa respectueusement, comme si le sceau de la douleur imprimé au front de la jeune fille, fût, aux yeux du noble Breton, un titre de respect aussi grand pour le moment que la couronne sur le front d'une reine.

La convalescence de Carmélite dura un mois ; ce fut au commencement de mars qu'elle reprit sa chambre et que le jeune homme reprit la sienne.

A partir de ce jour l'intimité commencée entre les deux jeunes gens fut interrompue.

Colomban conserva dans un pli de sa mémoire le souvenir de la beauté et de la bonté de la jeune fille.

Carmélite garda dans un coin de son

cœur une reconnaissance sans bornes et une affection dévouée pour Colomban.

Mais ils cessèrent de se voir autrement que comme deux voisins habitant sur le même palier, c'est-à-dire à de rares intervalles.

Quand on se rencontrait, une petite causerie commençait sur le pas de la porte, mais c'était tout ; jamais l'un n'avait franchi le pas de la porte de l'autre.

Le mois de mai arriva ; le jardin de Colomban était contigu à celui de Carmélite : une simple haie de lilas s'élevait entre ces deux jardins, — moins séparés ainsi que ceux de Pyrame et de Thisbé qui, eux, étaient séparés par un mur.

Les deux jeunes gens étaient donc en quelque sorte dans le même jardin, puisque, quand le vent agitait les lilas, la haie s'entr'ouvrait comme pour donner passage à leurs causeries, et que les fleurs s'éparpillaient tantôt chez l'un, tantôt chez l'autre.

Un soir, à la demande de Carmélite, le jeune homme avait rouvert son piano, et tirait de cet instrument longtemps fermé, longtemps muet comme son cœur, mille notes harmonieuses, qui, s'échappant par les fenêtres de sa chambre, vibraient dans l'air calme du crépuscule, puis, entrant par les fenêtres voisines, allaient caresser la jeune fille à son chevet comme les bouffées rafraîchissantes du printemps.

Elle avait donc à la fois parfum et mélodie.

Puis, au fond de tout cela, tristesse, profonde tristesse.

Pauvre Carmélite ! elle était dans la plus mauvaise ou dans la meilleure disposition pour aimer, selon, cher lecteur, que vous voudrez faire de l'amour une douleur ou une joie, une infortune ou un bonheur.

Maintenant, voyons, que va-t-il advenir de cette situation maladive de l'âme ?

Nous avons dit, dans un des chapitres précédents, que toutes les maisons situées à droite de cette partie de la rue du Val-de-Grâce et de la rue Saint-Jacques conduisaient à des jardins ravissants.

En effet, de ces fenêtres des jeunes gens d'où sortait tant d'harmonie, et où entraient tant de parfums, voici l'adorable panorama qui se déroulait sous les yeux.

A droite, au nord, un immense enclos planté de peupliers et de grands arbres.

A gauche, au sud, une suite de jardins plantés d'acacias, de lilas, de jasmin et de cythises des Alpes à fleurs jaunes retombant en grappes.

A l'horison, à l'ouest, comme un hamac de verdure où se couchait le soleil, le sommet des arbres du Luxembourg.

Enfin, au centre du triangle formé par ces trois points cardinaux, un des plus beaux spectacles qui puissent s'offrir aux regards d'un poète ou d'un amoureux.

Qu'on se figure un champ de roses de vingt ou vingt-cinq arpents, fleurissant autour d'un petit tombeau construit au dix-septième siècle, et assez semblable, pour la forme, aux chapelles que les héritiers font élever au Père-Lachaise, au-dessus du caveau de leur légataire décédé.

Et quand nous disons *un champ de roses*, — une plaine des environs de Persépolis, où l'on dit qu'est née la reine des fleurs, — qu'on ne croie pas qu'il y ait le moins du monde exagération de notre part ; il est si doux déjà d'avoir, dans une ville comme Paris, cinq ou six pots de roses autour de soi, qu'il paraît peut-être fabuleux qu'on en puisse avoir sous les yeux un champ tout entier. Rien n'est plus vrai cependant, et l'on peut encore aujourd'hui, à trente ans de distance, visiter les quatre ou cinq arpents qui sont restés de ce champ biblique.

C'était donc, comme nous l'avons dit, non pas un champ de trèfle ou de luzerne, mais un vrai champ de roses qui parfumait l'air à deux lieues à la ronde.

Toutes les contrées semblaient avoir apporté dans ce jardin, autour de ce tombeau, comme si ce tombeau eût renfermé la relique d'une sainte, les plus belles roses de leur pays.

On eût dit les planches coloriée de la *Monographie du Rosier*, publiée à cette époque par l'Anglais Lindley.

Rien n'y manquait; aucune espèce n'était absente, aucune variété ne faisait défaut; les cinq parties du monde figuraient là incarnées dans leurs plus belles fleurs. C'étaient le rosier du Caucase, le rosier du Kamtschatka, le rosier bariolé de la Chine, le rosier turneps de la Caroline, le rosier luisant des États-Unis, le rosier de Mai, le rosier de Suède, le rosier des Alpes, le rosier de Sibérie, le rosier jaune du Levant, le rosier de Nankin, le rosier de Damas, le rosier du Bengale, le rosier de Provence, le rosier de Champagne, le rosier de Saint-Cloud, le rosier de Provins, — que la légende prétend avoir été apporté de Syrie à Provins par un comte de Brie, au retour des croisades; — enfin c'était la collection, unique peut-être, parce qu'elle était complète, des deux ou trois mille variétés de roses connues à cette époque, nombre qui s'augmente encore tous les jours, progression dont nous ne saurions trop louer les horticulteurs.

« Le titre de *reine des fleurs* que mérite la rose est devenu banal à force d'être répété, dit le *Bon Jardinier*; c'est que la rose réunit tous les genres de perfection que l'on peut désirer dans une fleur : la séduisante coquetterie de ses boutons, l'élégante disposition de ses pétales entr'ouvertes, les contours gracieux de ses fleurs épanouies, lui donnent la perfection des formes, il n'est pas de parfum plus doux et plus suave que le sien : son incarnat est celui de la beauté la plus parfaite ; avec des nuances plus vives, elle imite le teint de la bacchante, et sa blancheur devient un emblème d'innocence et de candeur. »

Cette définition de la rose, définition colorée comme un vieux pastel du temps de Louis XV, nous servira de transition naturelle pour arriver à la fraîche beauté de notre héroïne ; en effet, quelques mots ajoutés au portrait que le *Bon Jardinier* a tracé de la fleur souveraine suffisent à peindre Carmélite.

Elle était grande et flexible de taille, avec de beaux cheveux d'un châtain très foncé, qui semblaient, tant ils poussaient abondants et vigoureux, être rudes à l'œil, mais ils étaient doux commé de la soie au toucher.

Des yeux d'un bleu de saphir, des lèvres d'un rouge de corail, des dents d'une blancheur de perle complétaient l'ensemble de cette belle et savoureuse créature.

Un jour, vers la fin du mois de mai, Carmélite et Colomban étaient chacun à leur fenêtre, regardant et respirant ; la jeune fille était comme éblouie, comme enivrée du parfum.

Toute la journée, la chaleur avait été étouffante ; pendant trois ou quatre heures, il avait plu, et, vers sept heures du soir, en ouvrant sa fenête, Carmélite avait été émerveillée de voir tout en fleurs ce champ de rosiers qu'elle avait vu en boutons le matin. Elle ne comprenait pas plus cette subite efflorescence des plantes qu'elle n'avait compris, dans un jour de douleur dont le souvenir était toujours présent à sa mémoire, le brusque passage de la vie à la mort.

Aussi, le soir, tous deux étant descendus au jardin, et se trouvant séparés seulement par la haie de lilas, déjà défleurie, Carmélite interrogea-t-elle Colomban sur cette prompte métamorphose des boutons en fleurs.

Carmélite était fort ignorante en botanique; car, à l'époque où se passent les événements que nous racontons, cette science était regardée comme assez superflue dans l'éducation d'une jeune fille. Colomban, qui, plus d'une fois, avait eu l'occasion de s'apercevoir de cette ignorance, commença alors, toujours à travers la mobile muraille de verdure, un cours de physiologie végétale, en dégageant cette étude charmante des mots précis, mais incompréhensibles pour les femmes surtout, dont les savants l'ont encombrée.

Il lui décrivit l'organisation des plantes avec beaucoup de simplicité, en la réduisant aux trois organes élémentaires, qui, par leur réunion, constituent tous les tissus végétaux, tissus comparables, dans le principe, à une solution de gomme qui, s'épaississant bientôt, enchevêtre ses filaments déliés, entre lesquels se forment peu à peu d'innombrables petites cellules ; il lui fit comprendre que c'étaient ces trois organes élémentaires qui contenaient la matière incrustante du bois, les sucs cristallisés, la fécule, le gluten, les huiles volatiles et les diverses matières colorantes dont la principale est la matière verte.

Des organes élémentaires, il passa aux organes composés, en lui parlant de l'épiderme qui leur sert de transition ; il prit une plante à l'état ambryonnaire, à cette période où, naissante à peine, elle est encore adhérente à la tige maternelle, et lui fit suivre toutes les phases de la croissance jusqu'au moment où, apte à se détacher de sa souche, cette plante se reproduit à son tour.

Après avoir fait ainsi à sa jeune voisine une rapide et lucide définition de tous les organes des végétaux, racines, tiges, feuilles, bourgeons, il lui expliqua les transformations, chez plusieurs de ces végétaux, de certains de leurs organes soit en épines, comme dans les chardons, les épines-vinettes, les faux acacias, — soit en vrilles, comme dans la vigne, les pois et les passiflores.

Il lui fit connaître la solidarité qui existe

entre tous les règnes de la nature ; comment l'homme ne peut pas plus se passer de la plante que la plante ne peut se passer de l'homme ; comment tout est établi en ce monde d'une façon si harmonique, que l'un souffrirait de l'absence de l'autre ; il lui découvrit les mystères de la nutrition chez les végétaux ; lui dit comment ils puisent à la fois par la racine et par les feuilles, dans le sol et dans l'air, les éléments nécessaires à leur développement ; il lui démontra comment la sève — qui n'est autre chose que la circulation du sang chez les plantes — s'élève de bas en haut, en lui faisant voir, par une branche de vigne fraîchement coupée, cet écoulement de la sève appelée *les pleurs* de la vigne ; il lui apprit, enfin, que les plantes dorment, respirent, se reproduisent comme les animaux, et il remplit sa jeune intelligence d'étonnement en lui révélant que certaines plantes ont des mouvements naturels qui contrastent avec l'immobilité ordinaire des végétaux.

Dix fois il voulut s'interrompre, de peur de la fatiguer ou tout au moins de l'ennuyer; mais, si la nuit et le feuillage ne lui eussent pas voilé le visage de Carmélite, il y eût lu, au contraire, le plus profond ravissement.

Tout à coup, de la pathologie végétale, en voyant filer une étoile, on arriva à l'astronomie; des fleurs parfumées de la terre, aux fleurs lumineuses du ciel ; on passa en revue les noms mythologiques donnés par les hommes à tous ces mondes inconnus, objets de leur éternelle curiosité ; le ciel, la terre, la mer, les temps modernes, l'antiquité, la Grèce, l'Égypte, l'Inde, ces trois aïeules du monde, furent mis à contribution pour célébrer ces premières heures d'intimité entre deux jeunes âmes, pendant une belle nuit de printemps.

Ils ne songèrent pas aux hommes ; ils ne songèrent pas à eux-mêmes ; ils ne devinèrent pas un instant que les fleurs, les flots, les nuages, les étoiles, la brise, sur lesquels ils voyageaient depuis le crépuscule, devaient infailliblement les conduire peu à peu dans les régions éthérées de l'amour platonique.

Et, cependant, qu'était-ce que cette ardeur passionnée que mettait Colomban dans la description des harmonies de la nature, sinon une manifestation éclatante de l'amour le plus frais et le plus puissant qui eût jamais germé, plante de vie ou de mort, dans le cœur d'un jeune homme?

Cette force d'attention, ce ravissement de la jeune fille pendant cette revue des merveilles de la création, qui avait passé aussi vite et presque sans laisser plus de traces que l'étoile qu'elle avait vue filer, qu'était-ce donc, sinon la révélation du premier amour?

Et joignez à ces dispositions de dix-sept ans chez l'une, de vingt-deux ans chez l'autre, que la journée avait été orageuse, que la brise était tiède et parfumée, et qu'aux rayons du soleil, à la caresse de cette brise, tout un champ de roses, en boutons le matin, était en fleurs le soir !

IV

Le tombeau de la Vallière.

Ce soir-là donc, enivrés par le parfum des roses qui les enveloppait comme ce nuage embaumé où Virgile cache ses déesses, sous ce ciel lumineux dont les étoiles semblaient amoureusement se poursuivre comme autant d'Apollons et de Daphnés, dans cette atmosphère rafraîchie par la pluie de la journée, en un mot, par cette première nuit de printemps calme, sereine, embaumée, les cœurs des deux jeunes gens s'entr'ouvrirent à l'amour, comme s'entr'ouvrait à la rosée fécondante du soir le calice des fleurs.

En entendant sonner minuit, en comptant les vibrations sonores et successives jusqu'à douze, ils tressaillirent, jetèrent un cri, échangèrent un rapide bonsoir, et remontèrent, tremblants comme des coupables.

Arrivés au second étage, ils s'arrêtèrent. — La fenêtre du carré était ouverte ;

la lune éclairait, silencieuse et mélancolique, le tombeau entouré de roses.

.

— Qu'est-ce donc que ce tombeau? demanda Carmélite en s'accoudant sur l'appui de la fenêtre.

— C'est le tombeau de mademoiselle de la Vallière, répondit le jeune homme en s'accoudant auprès d'elle, et à côté d'elle, dans l'étroit espace ménagé par l'ouverture de la fenêtre.

— Comment donc le tombeau de mademoiselle de la Vallière se trouve-t-il ici? demanda Carmélite.

— Tous ces terrains que vous voyez là, répondit Colomban, formaient autrefois le jardin d'un couvent appartenant à l'ordre religieux dont vous portez le nom poétique; au milieu de ce jardin était une église bâtie, selon les vieilles légendes lutéciennes, sur les ruines d'un temple de Cérès; on ne connaît pas l'époque précise de la fondation de cette chapelle : on croit seulement qu'elle date du règne de Robert-le-Pieux; ce qu'il y a de certain, c'est que, dès la fin du dixième siècle, elle était occupée par des moines bénédictins de l'abbaye de Marmoutier, qui la possédèrent comme prieuré, sous l'invocation de Notre-Dame-des-Champs, jusqu'en l'année 1604, où elle fut cédée aux religieuses carmélites de la réforme de sainte Thérèse.

— Catherine d'Orléans, duchesse de Longueville, poussée par quelques dévots qui lui offraient le titre de fondatrice, obtint du roi, grâce à l'appui de Marie de Médicis, tous les pouvoirs nécessaires à la création de cet établissement. Avec l'autorisation du roi Henri IV, et l'approbation du pape Clément VIII, on fit venir, d'Avila à Paris, six religieuses carmélites qui avaient été formées par la séraphique sainte Thérèse de Cépède. Ces six religieuses furent les premières de leur ordre en France; elles habitèrent le couvent qui était là, et qui n'existe plus; elles prièrent, chantèrent, moururent dans cette église dont il ne reste plus que le tombeau dont vous m'avez demandé le nom.

— Oh! que c'est curieux! fit Carmélite,

dans l'étonnement que lui causait la révélation de ces mystères de la nature éternelle, et de l'éphémère passé. — Et sait-on comment s'appelaient ces six pauvres filles ?

— Je le sais, moi, dit en souriant le jeune Breton; car je suis l'homme des légendes. Elles se nommaient Anne de Jésus, Anne de Saint-Barthélemy, Isabelle des Anges, Béatrix de la Conception, Isabelle de Saint-Paul et Éléonore de Saint-Bernard. La duchesse de Longueville alla à leur rencontre, et voulut que leur entrée dans le prieuré fût célébrée par une fête.

Tout cela n'était peut-être pas aussi curieux que le disait Carmélite, aussi intéressant que l'affirmait Colomban ; mais les pauvres enfants se mentaient l'un à l'autre, ne demandant pas mieux que de trouver un prétexte pour ne pas se quitter. Tout était bon dans ce cas ; la conversation mystique continua donc.

— Oh ! que j'aurais voulu voir une fête de ce temps-là ! dit Carmélite.

— Eh bien, mademoiselle, écoutez, dit Colomban : restez où vous êtes, fermez les yeux, substituez l'imagination à la vue ; figurez-vous que vous avez là, à votre gauche, un sombre couvent aux hautes murailles ; là, en face de vous, l'église — et attendez...

Le jeune homme rentra chez lui.

— Où allez-vous ? demanda Carmélite.

— Chercher un livre, lui cria le jeune homme, de l'intérieur de son appartement.

Et, cinq secondes après, il revint, tenant un livre à la main.

— Maintenant, dit-il, fermez-vous les yeux.

— Ils sont fermés.

— Voyez-vous le couvent à gauche ?

— Oui.

— Voyez-vous l'église en face de vous?

— Oui.

— Colomban ouvrit le livre.

La lune brillait radieuse à son zénith, et jetait sur toute cette nature calme et silencieuse une lumière si pure, que Colomban pouvait lire comme en plein jour.

Il lut.

« Le mercredi 24 août 1605, jour de

saint Barthélemy, fut faite à Paris une nouvelle et solennelle procession des sœurs carmélites, qui ce jour-là, prenaient possession de leur maison; le peuple y accourut en grande foule, comme pour gagner les pardons; elles marchaient en bel et bon ordre, étant conduites par le docteur Duval, qui leur servait de bedeau, ayant le baton à la main, et qui avait du tout la ressemblance d'un loup garou.

« Mais, comme le malheur voulut, ce beau et saint mystère fut troublé et interrompu par deux violons qui commencèrent à sonner une bergamasque; ce qui écarta ces pauvres gens, et les fit retirer à grands pas, tout effarouchés, avec le loup-garou leur conducteur, dans leur église, où, étant parvenues comme en un lieu de franchise et de sûreté commencèrent à chanter le *Te Deum laudamus.* »

— Avez-vous vu ? demanda Colomban.

— Oui ; mais autre chose que ce que je comptais voir, répondit en souriant Carmélite.

— On ne voit pas toujours ce que l'on croit voir, quand on a les yeux ouverts, dit Colomban ; à plus forte raison quand on les a fermés.

— Et ce fut dans ce couvent que se retira mademoiselle de la Vallière ?

— Dans ce couvent même, où elle passa trente-six ans au milieu des exercices continuels d'une piété de plus en plus édifiante, et où elle mourut le 6 juin de l'année 1710.

— Et, alors, c'est là, dans ce tombeau, demanda la jeune fille, que repose le corps de la pauvre duchesse?

— Ce serait beaucoup dire, que d'affirmer cela, répondit Colomban.

— Elle a donc été exhumée?

— En 1790, un décret de l'assemblée nationale supprima le couvent; on démolit l'église... Qui sait ce que devint le corps de la pauvre pécheresse que Le Brun avait représentée sous les traits de la Madeleine ? Et, cependant, comme je vous l'ai dit, à vous qui, un siècle et demi après sa mort, vous inquiétez d'elle, la tradition prétend qu'il a été épargné, et qu'il repose toujours dans le caveau, au-dessous de cette petite chapelle.

— Et, demanda Carmélite, avec l'hésitation de la curiosité qui craint d'être déçue, on ne peut pas y entrer, sans doute ?

— Je vous demande pardon, mademoiselle, répondit Colomban ; on fait plus que d'y entrer : on y demeure.

— Et quel profane peut habiter cette retraite sacrée ?

— Le jardinier, mademoiselle ; celui qui cultive toutes ces belles roses dont nous respirons en ce moment les parfums.

— Oh ! que je voudrais visiter cette chapelle ! s'écria Carmélite.

— Rien n'est plus facile.

— Comment faire ?

— Il suffit de demander la permission au jardinier.

— Mais, s'il me la refuse ?...

— S'il refuse de vous laisser voir le tombeau, vous lui demanderez à voir ses roses, et, par amour pour ces roses, il vous permettra de voir le tombeau.

— Alors ces roses sont à lui ?

— Il en est le possesseur privilégié.

— Et que peut-il faire de tant de roses ?

— Mais, dit le jeune Breton, il les vend.

— Oh ! le méchant homme ! dit Carmélite avec un reproche tout enfantin; vendre ces belles roses! Moi qui croyais qu'il les cultivait par religion, ou tout au moins pour son plaisir!

— Il les vend... Et, tenez, regardez! d'ici, sur ma fenêtre, vous verrez trois rosiers qu'il m'a vendus ces jours-ci.

Carmélite se pencha de côté, et ses beaux cheveux effleurèrent le visage du jeune homme, qui sentit passer un frisson par tout son corps.

Elle, en même temps, sentit le souffle de Colomban passer dans ses cheveux;

car, se reculant vivement, et toute rougissante :

— Oh ! dit-elle imprudemment, combien je voudrais avoir un des rosiers qui entourent cette chapelle !

— Me permettrez-vous de vous offrir un des miens ? se hâta de dire Colomban.

— Oh ! merci, monsieur, répondit Carmélite s'apercevant de son étourderie ; j'en voudrais un, mais tiré par mes mains de cette terre où sœur Louise de la Miséricorde a vécu, et où son corps a reposé et repose même peut-être encore maintenant.

— Que n'y allez-vous dès demain matin ?

— Je n'oserais jamais y aller toute seule.

— Je vous offre mon bras, si vous voulez l'accepter.

La jeune fille demeura un instant embarrassée ; puis, enfin, faisant un effort :

— Écoutez, monsieur Colomban, dit-elle, j'ai une profonde estime et une grande reconnaissance pour vous ; mais, si je sortais à votre bras en plein jour, toutes les commères du quartier seraient scandalisées d'une pareille inconvenance.

— Allons-y le soir.

— Est-ce qu'on peut y aller le soir?

— Pourquoi pas?

— C'est qu'il me semble que le jardinier doit se coucher en même temps que ses fleurs, pour se lever en même temps qu'elles.

— Je ne sais pas à quelle heure il se couche, mais ce que je sais, c'est 'qu'il se lève bien avant elles.

—Comment savez-vous cela?

— Quelquefois, la nuit, quand je ne dors pas... (la voix de Colomban trembla légèrement en prononçant ces mots) je me mets à la fenêtre, et je l'aperçois, trottant dans son jardin, une lanterne à la main... Et, tenez, mademoiselle, ce feu follet qui court à travers les roses, n'est-ce pas lui?

— Où court-il ainsi? demanda la jeune fille.

— Après quelque chat, probablement.

—Mais, s'il se lève, dit Carmélite en

souriant, bien qu'il soit de bonne heure pour lui, il doit être fort tard pour nous.

— Tard... dit Colomban.

— Oui... Quelle heure peut-il être?

— Deux heures, à peu près, fit Colomban avec une certaine hésitation.

— Oh! jamais je ne me suis couchée si tard! s'écria la jeune fille levant les mains au ciel. Deux heures du matin, mon Dieu! Oh! bien vite, bonsoir, monsieur Colomban!... Je vous remercie des heures instructives que vous m'avez fait passer, et, un soir, ajouta-t-elle plus bas, un soir que tous les voisins seront couchés, je vous demanderai votre bras pour aller déterrer un rosier.

— Nous ne trouverons jamais une nuit plus belle que celle-ci, mademoiselle, dit le jeune homme, qui s'efforça de ne pas trembler en parlant.

— Oh ! si je croyais n'être pas vue, dit franchement et ingénument la jeune fille, j'irais tout de suite.

— Par qui voulez-vous être vue, à cette heure ?

— Mais par la portière d'abord.

— Non, j'ai un moyen d'ouvrir la porte sans l'éveiller.

— Comment ! vous allez crocheter la porte ?

— Oh ! non, mademoiselle ; je vais l'ouvrir avec une clé que j'ai fait faire. Je rentre quelquefois du cabinet de lecture à minuit passé, et, comme la portière est infirme, je me suis fait un scrupule de la réveiller.

— Eh bien, s'il en est ainsi, dit la jeune

fille, allons-y tout de suite; aussi bien, je crois que j'aurais beau me coucher, je ne dormirais pas en pensant à mon rosier.

Était-ce bien votre rosier, Carmélite, qui vous eût empêchée de dormir?

Non.

Mais vous le croyez, pauvre enfant, vierge innocente, et c'était votre innocence même qui vous poussait à cette escapade nocturne, au bras de ce jeune homme, aussi innocent que vous.

Carmélite se coiffa d'un petit bonnet,

jeta un fichu sur ses épaules : le jeune homme prit son chapeau, et tous deux descendirent à petits pas l'escalier — ils allaient bien doucement, et, cependant, ils firent encore assez de bruit pour réveiller les oiseaux qui dormaient dans les lilas, et qui, en les entendant passer, et en voyant cette belle lune, se mirent à chanter, soit qu'ils crussent à l'aurore, soit qu'ils voulussent faire leur partie dans cette fête de nuit que le printemps et la nature donnaient aux deux jeunes gens.

Après avoir franchi la rue Saint-Jacques et la rue du Val-de-Grâce, ils arrivèrent rue d'Enfer, en face de cette grande porte de bois à claire-voie, que sert d'entrée à l'ancien jardin des Carmélites.

Ils sonnèrent.

Il était de bien bonne heure ou bien tard pour sonner; aussi le jardinier hésita-t-il un instant.

Mais, au second appel de la clochette, on vit l'homme et la lanterne se mouvoir; tous deux s'approchèrent; la lanterne s'éleva à la hauteur du visage des deux visiteurs, et le jardinier reconnut le jeune homme, qu'il voyait tous les jours à sa fenêtre, et dont il écoutait parfois, étendu au milieu de ses rosiers, la voix vibrante, accompagnée des sons du piano.

Le jardinier ouvrit la porte, et introduisit cette autre Adam et cette nouvelle Eve dans son paradis.

C'était, comme nous l'avons dit, une immense pépinière où l'on ne cultivait que des roses.

Rien ne peut exprimer la sensation de douceur charmante et de frais enivrement qui saisit les deux jeunes gens lorsqu'ils pénétrèrent dans ce harem de roses dont le sultan, une lanterne à la main, disait les noms harmonieux, qui retentissaient à leurs oreilles comme des notes échappées aux chansons des oiseaux.

On eût dit la mélodie du bulbul, ce ros-

signol d'Orient qui a le secret des fleurs,
et qui, pareil aux roseaux du roi Midas,
divulgue ce secret à la brise de l'est.

En marchant ainsi, appuyés au bras
l'un de l'autre, et écoutant la nomenclature
des roses, ils arrivèrent devant le tombeau
ou la chapelle de sœur Louise de la Miséricorde.

Carmélite hésitait à entrer : sur l'invitation de Colomban, elle se décida.

Mais presque aussitôt elle sortit avec une
sorte d'effroi, en voyant, accotés ou sus-
pendus aux parois de la muraille — au lieu
des emblèmes religieux qu'elle s'attendait

à trouver là — des pelles, des bêches, des rateaux, des arrosoirs, des brouettes, et tous les instruments de jardinage dont le pépiniériste se servait.

La jeune fille alors fit curieusement le tour du petit tombeau.

Des rosiers de six ou huit pieds de hauteur l'entouraient uniformément.

— Quels sont ces magnifiques rosiers? demanda Carmélite.

— Ce sont des rosiers d'Alexandrie, à fleurs blanches, répondit le jardinier; ils viennent du midi de l'Europe ou des côtes de la Barbarie ; c'est avec leurs fleurs que l'on fait l'essence de roses.

— Voulez-vous m'en vendre un ? demanda la jeune fille.

— Lequel ? dit le jardinier.

— Celui-ci.

Et Carmélite montra celui qui adhérait le plus intimement au tombeau.

Le jardinier entra dans la chapelle, et y prit une bêche.

Un rossignol chantait à vingt pas de là sa plus amoureuse chanson.

La lune n'était plus la lune : c'était la Phébé des Grecs, regardant amoureusement sur la terre si elle ne reverrait pas l'ombre d'Endymion.

La brise de la nuit, si douce, qu'elle semble un baiser donné par la bouche de la nature, passait dans les cheveux des jeunes gens.

C'était vraiment une scène pleine de couleur et de poésie, que cette grande jeune fille en habits de deuil, ce blond jeune homme vêtu de noir, et ce jardinier qui creusait la terre à cette heure de nuit, par cette brise fraîche, à la clarté de la lune, au chant du rossignol. Aussi chacune de leurs haleines semblait-elle dire : « Oh ! la bonne chose que la vie ! Merci, Seigneur, de nous l'avoir donnée en même temps ! »

Hélas !

Le premier coup de bêche donné par le jardinier retentit douloureusement dans le cœur des deux jeunes gens ; il leur semblait que, remuer cette terre dans laquelle reposait le corps de la sainte maîtresse de ce royal égoïste que l'on appelait Louis XIV, c'était commettre quelque chose comme un sacrilége.

Ils sortirent de la pépinière, emportant leur rosier, mais avec une crainte pareille à celle des enfants qui ont cueilli une fleur dans un cimetière.

Une fois hors du jardin, ils oublièrent ces pensées funèbres, et, en jetant un dernier regard sur la pépinière, qui n'envoyait plus qu'une espèce de nuage de parfums, en regardant les étoiles, en absorbant, pour ainsi dire, toutes les émanations de la vie qui s'élevaient autour d'eux, ils remercièrent la Providence de tous les bienfaits dont elle les avait comblés pendant cette ineffable nuit de printemps!

cloître ornait de quelques objets consacrés au
sacrilège...

Ils sortirent de la pépinière, emportant
leur rosier, mais Angéline craint, peut-être
à celle des ombres qui ont ossifié son cœur
dans un cimetière...

Une fois hors du jardin, ils oublièrent
ces pensées funèbres, et, en jetant un dernier regard sur la pépinière, qui n'a-
vorait plus qu'une espèce de songe de fan-
tome, en regardait les étoiles, en abondant, qui polissaient, bordés les fantômes
de la vie qui s'élevaient autour d'eux. Il
remercièrent la Providence de leur in-
hospitalité dont elle les avait comblés pendant cette ineffable nuit d'épiphanie!

V

Colomban.

Le cœur du jeune Breton que nous avons appelé Colomban était un pur diamant à quatre facettes : la bonté, la douceur, l'innocence et la loyauté.

Quelques esprits forts du collége — cinq

ou six de ces roués de dix-huit ans qui, à vingt ans, deviennent des lions chauves — l'avaient surnommé Colomban le Niais, en souvenir de certaines bonnes actions dont il avait été la dupe.

Sa force herculéenne lui eût bien permis de faire taire ces méchantes langues ; mais il avait, pour tous ces jappeurs, le même mépris qu'ont les chiens de Terre-Neuve et les molosses du Saint-Bernard pour un chien turc ou un king's-charles.

Un jour, cependant, l'un des plus chétifs et des plus hargneux, jeune créole de la Louisiane arrivé récemment au collége, voyant la patience inaltérable de Colomban, qui écoutait sans sourciller les épithètes injurieuses dont il l'accablait depuis quelques instants, imagina de venir, monté sur le dos d'un *grand*, tirer par derrière les boucles blondes de sa chevelure.

Si c'eût été un jeu, Colomban n'eût rien dit.

Ce fut une douleur.

C'était pendant la récréation du soir; on se promenait dans la cour de la gymnastique.

En se sentant tiré aussi cruellement par

les cheveux, aux éclats de rire de toute la récréation, en ressentant une vive douleur, Colomban se retourna, et, sans donner le moindre signe d'émotion ou de colère, il empoigna le créole par le collet de son habit, l'arracha des épaules du grand, et le porta sous le trapèze d'où pendait une corde à nœuds.

Arrivé là, il lui attacha la corde autour du corps, et, après avoir exécuté très froidement cette opération, il le lança, la tête et les pieds ballants, dans l'espace, où il se balança avec une vélocité prodigieuse.

Les autres collégiens, qui ne riaient plus, protestèrent, mais ils protestèrent inutilement.

Le grand des épaules duquel Camille Rozan — c'était ainsi que l'on nommait le créole — le grand des épaules duquel, disons-nous, Camille Rozan avait été arraché, s'approcha, et somma Colomban de délivrer son camarade.

Mais Colomban se contenta de tirer sa montre, d'y regarder l'heure, et de dire en la remettant dans son gousset :

— Il en a encore pour cinq minutes !

Il y avait déjà cinq minutes que le supplice durait.

Le grand, qui avait la tête de plus que

Colomban, sauta sur le Breton ; mais celui-ci prit son adversaire à bras-le-corps, l'enleva de terre, le serra à l'étouffer, comme on lui avait dit, dans son cours de mythologie, qu'Hercule avait fait pour Antée, et, finalement, le coucha sur le sol, aux applaudissements de tous les écoliers, qui apprennent, dès le collége, à se ranger du côté du plus fort.

Colomban avait appuyé son genou sur la poitrine du grand ; celui-ci, ne pouvant plus respirer, demanda grâce ; mais l'entêté Breton tira de nouveau sa montre, et dit simplement :

— Encore deux minutes !

Ce fut un hourra de triomphe par toute la cour.

Pendant cette jubilation, le mouvement imprimé au corps de Camille Rozan diminuait, mais néanmoins continuait toujours.

Les cinq minutes écoulées, Colomban, aussi observateur de sa parole que son compatriote Duguesclin, rendit la respiration au grand, lequel n'eut garde de demander sa revanche, et détacha l'Américain hargneux, qui, de rage, s'en alla à l'infirmerie, où il resta un mois au lit avec un transport au cerveau.

Les rires, comme on le comprend bien, accompagnèrent la retraite du créole ; chacun s'empressa de féliciter Colomban ; mais Colomban ne fit pas semblant d'entendre ces éloges, et reprenant tranquillement sa promenade, il tourna le dos à ses condisciples, après leur avoir donné ce fraternel avertissement :

— Vous voyez ce que je sais faire ! Eh bien, la première fois que l'un de vous m'embêtera, il lui en arrivera autant.

Pendant un mois, on eut les plus vives craintes pour le petit Camille Rozan.

Mais celui-ci dont l'inquiétude alla jusqu'au désespoir, ce fut le bon Colomban, qui, oubliant que la provocation l'avait mis dans le cas de légitime défense, se regardait comme la seule et unique cause de cette fièvre.

Son désespoir se changea tout naturellement en profonde amitié lors de la convalescence du jeune homme : il éprouva bientôt pour le petit Camille cette vive tendresse que les forts éprouvent pour les faibles, les vainqueurs pour les vaincus, cette tendresse qui a sa source dans les plus divines fibres du cœur, dans la plus tendre de toutes les vertus — dans la pitié.

Peu à peu, cette tendresse accidentelle

devint une affection véritable, une amitié protectrice, comme celle d'un frère aîné pour un frère plus jeune.

Camille Rozan, de son côté, parut s'attacher sincèrement à Colomban; seulement, son affection, à lui, participait à la fois de la crainte et de la sympathie : sa faiblesse s'accommodait de se sentir protégée; mais, en même temps, son orgueil révolté mettait une barrière infranchissable, quoique invisible, entre lui et son protecteur.

Débile et taquin, il se trouvait chaque jour en passe de recevoir de ses camarades des leçons semblables à celle que lui avait donné Colomban ; mais celui-ci n'avait qu'à faire un pas, et à demander de sa voix calme : « Hein ! qu'y a-t-il ? » et la menace rebroussait chemin.

Comme le chêne, il lui suffisait d'étendre ses rameaux épais pour protéger le roseau contre l'orage.

En grandissant, Camille sembla avoir refoulé son orgueil, et n'avoir conservé pour Colomban qu'une amitié sincère; il la lui manifestait sous mille formes agréables : confinés tous deux dans des dortoirs et dans des quartiers d'étude séparés, ils ne pouvaient se voir et se parler qu'aux heures de récréation; mais le besoin d'épanchement était si vif chez le créole, que, dès qu'il était loin de son ami, il ne pouvait s'empêcher de lui écrire ; une fois le commerce des lettres ouvert, il s'établit entre eux une correspondance active et suivie, presque aussi tendre que celle qui se fût établie entre deux amants.

Les jeunes amitiés qui se révèlent pour la première fois ont, en effet, toute l'effervescence d'un premier amour ; le cœur, comme une personne qui a jusque-là vécu solitaire, n'attend que l'heure de la liberté pour faire fleurir au soleil le trésor de ses pensées intimes ; il sort alors de deux jeunes cœurs dans la même situation un concert de causeries assez semblables au babillage des oiseaux pendant les premiers jours du printemps. Celui qui est entré de plain-pied dans la vie, et qui n'a pas connu les enchantements de cette jeune et chaste déesse qu'on appelle l'Amitié, celui-là est à plaindre ! car ni l'amour passionné de la femme, ni l'affection égoïste de l'homme, ne lui révéleront les pures joies que donnent les confidences mystérieuses échangées entre deux cœurs de seize ans.

A partir de ce moment, les deux jeunes gens furent donc étroitement liés; et Camille étant passé, l'année suivante, dans le même quartier que Colomban, ils devinrent *copains*, selon l'expression technique du collége — c'est-à-dire qu'ils mirent en commun ce qu'ils possédaient l'un et l'autre, depuis les plumes et le papier jusqu'au linge et à l'argent.

Si la famille de l'Américain envoyait des confitures de goyaves et des conserves d'ananas, Camille en fourrait la moitié dans la baraque de Colomban ; si le comte de Penhoël envoyait quelques salaisons des côtes de Bretagne, Colomban en disposait la moitié dans le pupitre de Camille Rozan.

Cette amitié, que chaque jour rendait plus tendre, fut tout à coup brisée par le départ de Camille, que ses parents rappelèrent à la Louisiane au moment où il allait finir sa philosophie. On se sépara en s'embrassant tendrement, et en se promettant de s'écrire une fois au moins par quinzaine.

Les trois premiers mois, Camille tint la parole donnée ; puis ces lettres n'arrivèrent plus que de mois en mois ; puis, enfin, que de trois mois en trois mois.

Quant au fidèle Breton, il exécutait religieusement sa promesse et jamais une quinzaine ne s'était passée sans qu'il écrivît à son ami.

Le lendemain de la nuit de printemps que nous avons essayé de décrire dans le chapitre précédent, à dix heures du matin, la vieille concierge monta au jeune homme une lettre dont il reconnut aussitôt le timbre bien-aimé.

La lettre était de Camille.

Il revenait en France !

Sa lettre ne le précédait que de quelques jours.

Camille demandait à Colomban de recommencer dans le monde la même vie commune qu'ils avaient menée au collége.

« Tu as trois chambres et une cuisine,

écrivait-il : à moi la moitié de ta cuisine !
à moi la moitié de tes trois chambres ! »

— Parbleu ! je crois bien ! répondit tout haut le jeune Breton, vivement ému du retour inattendu et inespéré du jeune homme.

Puis, il pensa tout à coup que, si son cher Camille arrivait, il fallait un lit, une table, une toilette et surtout un canapé où l'indolent créole pût s'étendre pour fumer ces beaux cigares qu'il rapportait sans doute du golfe du Mexique — et il s'élança hors de son appartement, avec les deux ou trois cents francs d'économies qu'il possédait, pour se procurer toutes ces choses de première nécessité.

Dans l'escalier, il rencontra Carmélite.

— Oh! mon Dieu! comme vous avez l'air heureux, ce matin, monsieur Colomban! dit Carmélite en voyant rayonner la joie sur la figure de son voisin.

— Oui, mademoiselle, je suis heureux, bien heureux! répondit Colomban; il m'arrive un ami de l'Amérique, du Mexique, de la Louisiane! un ami de collége, le plus cher de tous mes amis!

— Tant mieux! dit la jeune fille. Et quand cela arrive-t-il?

— Je ne puis vous donner la date précise ; mais je voudrais qu'il fût ici !

Carmélite sourit.

— Oh ! je voudrais qu'il fût déjà ici, je vous le répète ; car, j'en suis sûr, il vous ferait plaisir à voir et à entendre : c'est la beauté et la gaîté vivantes ; je n'ai jamais vu, même dans les rêves des peintres, un visage plus beau... un peu efféminé peut-être, voilà tout — ajouta-t-il, non pour amoindrir la beauté de l'ami dont il venait de faire le portrait avec tant de franchise, mais uniquement pour rester dans les limites de la vérité ; un peu efféminé ; mais cet air même sied admirablement à toute sa personne ! les princes des contes de fées n'ont pas une plus gracieuse tête ; les bacheliers de Salamanque, une allure plus cavalière, et nos étudiants de Paris une plus insouciante légèreté! En outre... ah! tenez, voilà pour vous qui aimez la musique : en outre, il a une ravissante voix de ténor, et il s'en sert merveilleusement! Oh! vous entendrez les vieux duos que nous chantions au collége... Et, à propos de musique, j'ai pensé, cette nuit, en vous quittant, à vous faire une proposition : vous m'avez dit qu'à Saint-Denis vous aviez étudié la musique?

— Oui, je solfiais passablement, et j'avais, disait-on, une belle voix de contralto. Ce que j'ai regretté en quittant Saint-Denis, c'est, d'abord, trois bonnes amies à moi, que me rappelle votre amitié pour Camille Rozan; puis ce sont mes études musicales, que je n'ai pu continuer; il me semble qu'avec du travail, j'aurais pu arriver à être d'une certaine force.

— Eh bien, si vous voulez, dit Colomban, je ne dis pas que je vous donnerai des leçons, je ne suis pas assez fat pour cela; mais je vous ferai étudier : sans être de très grande force moi-même, j'ai reçu au collége d'excellents principes d'un vieux maître allemand, nommé M. Müller; j'ai beaucoup étudié depuis, et je mets à votre disposition le résultat de mes connaissances.

Colomban s'arrêta avec effroi : il n'en avait jamais tant dit ; 'mais le fait, extraordinaire dans sa vie paisible, de l'arrivée de son ami Camille, l'avait mis en quelque sorte hors de lui ; il était transporté, rayonnant, enivré, et c'est ce qui lui avait donné cette hardiesse et cette prolixité.

Carmélite accepta avec une grande reconnaissance : l'offre d'une fortune ne lui eût pas été plus agréable que cette proposition de son jeune voisin, et elle allait le remercier, quand elle aperçut, montant les premières marches de l'escalier, le moine dominicain qui avait passé la veillée funèbre près de sa mère, et qu'elle avait vu plusieurs fois, depuis ce jour néfaste, venir chez son ami.

Elle rentra chez elle en rougissant.

Colomban, de son côté, parut tout embarrassé.

Le moine regarda Colomban avec un œil étonné et plein de reproches. Ce regard voulait dire : « Je croyais savoir tous vos secrets, puisque je vous ai donné toute mon amitié; cependant, voici un secret assez important dont vous ne m'avez pas fait la confidence! »

Colomban rougit comme la jeune fille, et, remettant à plus tard l'achat des meubles, il fit entrer chez lui le jeune moine.

Au bout de cinq minutes, Dominique voyait plus profondément dans le cœur de son ami que celui-ci n'y voyait lui-même.

Au reste, Colomban lui avait tout raconté; tout, jusqu'à cette dernière nuit aux détails charmants dont son cœur était encore tout enivré.

En blâmant Colomban de cet amour honnête et chaste, le jeune homme eût été en contradiction avec ses théories sur l'amour universel; car il appelait l'amour des sens pour les autres, sous quelque forme qu'il se révélât, le *nœud de la vie*, comparant ainsi la vie à un arbre, l'amour au nœud d'où naît la feuille, et l'humanité aux fruits qui les couronnent.

Frère Dominique ne vit donc dans cette naissante passion, inconnue jusque-là au jeune homme, qu'une fièvre vivifiante dont les symptômes étaient plus rassurants que terribles.

D'un autre côté, il pardonnait à Colomban de ne lui avoir point parlé de son amour, puisque Colomban ignorait lui-même l'état de son cœur.

Au moment où il sut qu'il aimait, le jeune Breton en fut presque effrayé.

Le moine sourit, et lui prenant la main :

— Vous avez besoin de cet amour, mon

ami, dit-il : autrement votre jeunesse se consumerait dans une indolence apathique. Une passion noble, comme celle que doit concevoir votre cœur loyal, ne peut que vous donner des forces, et vous régénérer. Voyez ces jardins, ajouta le moine en désignant la pépinière : hier, à cette heure, la terre était desséchée ; les plantes semblaient appauvries, la végétation en suspens ; eh bien, l'orage a éclaté, et les ambroisies sont sorties de la terre, les racines sont devenues des tiges, les bourgeons sont devenus des feuilles, les boutons sont devenus des fleurs !

Aime donc, jeune homme ! fleuris et fructifie, jeune arbre ! jamais fleurs éclatantes, jamais fruits mûrs n'auront germé sur un tronc plus vert et plus vigoureux !

Ainsi, dit Colomban, loin de me blâmer, vous m'engagez à écouter les conseils de mon cœur ?

— Je vous loue d'aimer, Colomban ! je vous blâmais de me cacher votre amour, parce que, d'habitude, l'amour que l'on cache est un amour coupable. Je ne connais rien de plus beau chez un homme libre que de dépendre de son cœur ; car autant la passion dans une âme basse peut avilir et dégrader l'homme, autant, dans un noble cœur, elle élève et sanctifie l'humanité. Tournez les yeux vers tous les points de la terre, et vous verrez, mon ami, que ce sont les forces vivaces de la passion, bien plus que les combinaisons du génie, qui ont fait mouvoir le ressort des empires, et ébranlé ou raffermi le monde; si vaste que soit la raison, elle est toujours timide, inquiète, endormie et prête à suspendre sa marche devant les premiers obstacles du chemin; le cœur, au contraire, agité sans cesse, est prompt dans ses desseins, ferme dans ses décisions, et nulle digue ne saurait s'opposer à l'impétuosité de son cours. La raison, c'est le repos; le cœur, c'est la vie; or, le repos, à votre âge, Colomban, c'est une oisiveté dangereuse, et, plutôt que de consumer mes forces dans l'oisiveté, plutôt que de ne pas occuper cette activité précieuse qui bouillonne en moi, j'ébranlerais, comme Samson, les colonnes du temple, dussé-je être écrasé sous ses ruines !

— Et, cependant, vous, mon frère, vous ne pouvez pas aimer, dit Colomban.

Le jeune moine sourit avec tristesse.

— Non, dit-il, je ne puis pas aimer de votre amour terrestre et charnel, car Dieu m'a pris pour lui ; mais, en m'enlevant aux amours individuels, il m'a donné un amour bien autrement puissant : l'amour de tous ! Vous aimez une femme avec ardeur, mon ami ; moi, j'aime l'humanité avec passion !

pour que vous soyez amoureux, il faut que l'objet de votre amour soit jeune, riche, et vous paie de retour; moi, j'aime, au contraire, par-dessus tout, les pauvres, les infirmes, les souffrants, et, si je n'ai pas la force d'aimer ceux qui me haïssent, au moins je les plains... Oh! vous vous trompez, Colomban, en me disant qu'il m'est défendu d'aimer; le Dieu auquel je me suis donné est, au contraire, la source de tout amour, et il y a des moments où, comme sainte Thérèse, je suis prêt à pleurer sur Satan, parce qu'il est la seule créature à laquelle il ne soit pas permis d'aimer!

La conversation continua longtemps sur

ce terrain fertile où venait de l'amener frère Dominique ; on passa en revue toutes les conquêtes que l'homme devait aux nobles passions du cœur ; et Colomban, pensif, commença de soupçonner que le moine venait seulement à cette heure de soulever à ses yeux un pan du voile de la vie ; sous cette parole fécondante comme les larges gouttes d'une pluie d'été, il se sentit meilleur et plus digne d'être aimé. L'idée que la jeune fille ne partageait peut-être point son amour, ne se présenta même pas à son esprit ; sous ce souffle de vérité, il sentit ses poumons plus à l'aise, et, dépouillant le Breton sérieux et songeur, il apparut au moine comme un jeune homme enthousiaste et passionné ; on l'eût pris pour un poète ou pour un peintre : pour un poète, tant ses expressions empruntaient d'images à la grande poésie universelle ; pour un peintre, tant il peignait plutôt qu'il ne racontait sa passion avec les chaudes couleurs qu'il puisait à son cœur enflammé.

Et sans doute ils eussent passé la journée ensemble à presser les mamelles de la féconde Isis qu'on appelle l'amour, si le nom de Colomban, deux fois répété par une voix fraîche, n'eût retenti dans l'escalier.

— Oh ! s'écria Colomban, c'est la voix de Camille !

Le pieux Breton n'avait pas entendu cette voix depuis trois ans, et, cependant, il l'avait reconnue.

— Colomban! Colomban! répétait la voix joyeuse.

— Colomban ouvrit la porte, et reçut Camille dans ses bras.

Jamais aveugle, le prenant pour un ami, ne pressa le Malheur d'une plus fraternelle étreinte.

VI

Camille.

A la vue de Camille, qu'il ne connaissait point, frère Dominique se retira discrètement, malgré les vives instances de Colomban pour le faire rester.

Camille le suivit des yeux jusqu'à ce

que la porte se fût refermée derrière lui.

— Oh! oh! dit-il avec une gravité comique, un Romain se tiendrait pour averti.

— Comment cela?

— As-tu oublié le proverbe antique : « Lorsque tu heurteras une pierre en sortant de chez toi, ou que tu verras un corbeau à gauche, rentre dans ta maison! »

Un nuage de tristesse passa rapide et presque douloureux sur le visage de Colomban, si ouvert, si franc, si gai.

— Tu es donc toujours le même, mon pauvre Camille, dit-il, et ton premier mot est donc un désenchantement pour l'ami qui t'attend depuis trois ans?

— Et pourquoi cela?

— Parce que ce corbeau, comme tu l'appelles...

— Tu as raison, je devrais l'appeler une pie : il est moitié blanc, moitié noir.

Un second coup sembla frapper Colomban au cœur.

— Parce que ce corbeau ou cette pie, comme tu dis, est un des hommes les meilleurs, une des intelligences les plus hautes, un des cœurs les plus droits que je connaisse. Qnand tu le connaîtras toi-même, tu seras fâché de l'avoir confondu un instant avec ces prêtres qui combattent contre Dieu, au lieu de combattre pour lui, et tu regretteras l'appellation enfantine dont tu l'as salué.

— Oh! oh! toujours grave et sentencieux comme un missionnaire, mon cher Colomban, dit en riant Camille. Eh bien, soit! j'ai tort; tu sais que c'est mon habitude; je te demande pardon d'avoir calomnié ton ami — car ce beau moine est ton ami, n'est-ce pas? ajouta l'Américain d'un ton moins cavalier.

— Et un ami sincère, oui, Camille, dit gravement le Breton.

— Je regrette mon sobriquet ou mon épithète, comme tu voudras; mais, tu comprends, t'ayant quitté au collége assez peu dévot, j'ai pu paraître un peu étonné de te trouver en conférence avec un moine.

— Ton étonnement cessera quand tu connaîtras frère Dominique. Mais, dit Colomban en changeant de ton et de visage, et en rendant à sa voix sa douceur caressante, et à sa physionomie son aspect amical, ce n'est point de frère Dominique qu'il s'agit, c'est de frère Camille; l'un est mon frère selon Dieu, l'autre mon frère selon les hommes. Te voilà donc! c'est donc toi! Embrasse-moi encore! Je ne peux pas te dire la joie que m'a causée ta lettre, et celle que me donne et surtout que me donnera ta présence; car nous allons vivre en commun, n'est-ce pas, comme au collége?

— Bien plus qu'au collége! dit Camille presque aussi joyeux que son ami. Au collége, notre vie en commun était entravée de tous les côtés; ici, au contraire, nous n'avons ni camarades rageurs, ni pions moroses à redouter, et nous pourrons passer nos journées à courir, à faire de la musique, à aller au spectacle, et nos nuits à causer; ce qui nous était fort sévèrement interdit au collége.

— Oui, reprit Colomban, je me souviens des causeries du dortoir, bonnes et chères causeries !

— Celles surtout des nuits du dimanche au lundi, n'est-ce pas?

— Oui, dit Colomban avec un sourire de réminiscence moitié triste, moitié gai; oui, celles du dimanche au lundi surtout. Je sortais peu : je n'avais point de parents à Paris ; je restais confiné la journée entière dans la cour du collége, avec mes pensées — je me vante — avec mes rêves ! Et toi, ce jour-là, coureur, tu t'éveillais dès le matin comme l'alouette, et tu t'envolais en chantant gaîment comme elle, et Dieu sait sur quels nids charmants tu allais t'abattre ! Je te voyais toujours partir sans envie, mais avec regret, et, cependant, tu me revenais le soir chargé du butin de la journée, que tu partageais avec moi, et nous en avions pour la nuit entière, toi à faire, moi à écouter le récit de tes joies frivoles.

— Nous recommencerons cette vie-là, Colomban, et sois tranquille, sage que tu es! fou que je suis, je passerai encore plus d'une nuit à te raconter les aventures de la journée; car j'ai vécu là-bas comme un véritable Robinson, et j'espère bien reprendre où je l'ai quittée ma vie de Paris.

— Les années ne t'ont pas changé, dit affectueusement mais soucieusement le grave Breton.

— Non! et surtout elles m'ont laissé mon bon appétit. — Dis-moi, où mange-t-on ici, quand on a faim?

— On eût mangé dans la salle à manger, si j'eusse été prévenu.

— Tu n'as donc pas reçu ma lettre?

— Si fait, mais il y a une heure seulement.

—Oh! c'est vrai! dit Camille; en effet, elle est partie par le même paquebot que moi : elle est arrivée au Hâvre par le même paquebot que moi, elle n'a sur moi que l'avance de la poste sur la diligence. Raison de plus pour te demander : « Où mange-t-on ici? »

—Mon cher, dit Colomban, je ne suis pas fâché que tu te sois comparé à Robinson Crusoé ; cela me prouve que tu es habitué aux privations.

— Tu me fais frémir, Colomban ! pas de plaisanteries de ce genre-là ; je ne suis pas un héros de roman, moi : je mange ! Une troisième fois, où mange-t-on ici ?

— Ici, mon ami, on prend des arrangements avec sa portière, ou avec une bonne femme du voisinage qui vous nourrit à forfait.

— Oui ; mais dans les cas extraordinaires ?...

— On a Flicoteaux.

— Oh ! ce brave Flicoteaux, place de la Sorbonne ! il existe donc toujours, Flicoteaux ? il n'a donc pas encore mangé tous les biftecks ?

Et Camille se mit à crier :

— Flicoteaux ! un bifteck, avec immensément de pommes de terre !

Puis il prit son chapeau.

— Où vas-tu ? demanda Colomban.

— Je ne vais pas, je cours ! je cours chez Flicoteaux. Cours-tu avec moi ?

— Non.

—Comment, non?

—Ne faut-il pas que je t'achète un lit pour dormir, une table pour travailler, un canapé pour fumer.

—Ah! à propos de fumer, j'en ai, de fameux cigares de la Havane!... C'est-à-dire, j'en ai, si la douane veut bien me les rendre. En voilà des gens qui doivent fumer de jolis *puros*, messieurs les douaniers!

—Je plains ton malheur, mais en chrétien et non en égoïste : je ne fume pas.

— Tu es plein de vices, mon cher ami,

et je ne sais pas où tu trouveras une femme qui t'aime.

Colomban rougit.

— Elle est trouvée? dit Camille. Bon!

Puis, lui tendant la main :

— Cher ami, mon compliment bien sincère ! Ce n'est pas comme la nourriture? on en trouve donc dans le quartier? Colomban, aussitôt que j'ai déjeûné, tu peux être sûr que je me mets en quête. A propos, je suis fâché de ne pas t'avoir rapporté une négresse... Oh! n'en fais pas fi : il y en a de superbes! mais les douaniers

me l'auraient prise; fabrique étrangère,
confisquée! — Viens-tu?

— Mais non, je te dis.

— Ah! c'est vrai, tu avais dit non. Pourquoi avais-tu dit non?

— Tête vide!

— Vide? Tu n'es pas de l'avis de mon père : mon père prétend que j'ai une crevette dans le cerveau. — Pourquoi avais-tu dit non?

— Parce qu'il faut meubler ton appartement.

— C'est juste. Cours meubler mon appartement ; je cours meubler mon estomac. Tous les deux ici, dans une heure ?

— Oui.

— Veux-tu de l'argent ?

— Merci, j'en ai.

— Soit ; quand tu n'en auras plus, tu en prendras.

— Où cela ? demanda Colomban en riant.

—Dans ma bourse, s'il y en a encore,

mon cher. Je suis richissime : Rothschild n'est pas mon oncle, Laffitte n'est pas mon parrain ! J'ai six mille livres par an, cinq cents livres par mois, seize francs treize sous et un centime et demi par jour ! Veux-tu acheter les Tuileries, Saint-Cloud ou Rambouillet ? J'ai trois mois d'avance dans cette bourse-là.

Et Camille tira de sa poche une bourse à travers les mailles de laquelle on pouvait voir scintiller l'or.

— Nous causerons de cela plus tard, dit Colomban.

— Rendez-vous ici, dans une heure !

— Dans une heure, c'est dit.

— Alors :

Va mourir pour ton prince, et moi pour mon pays !

dit Camille.

Et il s'élança par les degrés, non dans l'intention d'aller *mourir pour son prince*, comme le disait poétiquement le vers de Casimir Delavigne, mais pour aller déjeûner chez Flicoteaux.

Colomban descendit d'un pas plus calme et plus en harmonie avec son caractère.

Ainsi, vous le voyez, chers lecteurs, la légèreté moqueuse avec laquelle Camille traitait les sujets les plus importants s'était manifestée, dès son entrée chez Colomban, par la première parole qu'il avait prononcée à propos de frère Dominique.

On accuse les Français d'être insouciants, légers, moqueurs.

Ici, c'était le Français qui avait toute la gravité britannique, et l'Américain qui avait toute la légèreté française.

N'eût été son âge, sa figure, sa distinction, son costume élégant, on eût pris Camille pour un gamin de Paris; il en avait l'esprit, la vivacité, le franc rire et l'élocution.

On avait beau le pousser dans un coin de la chambre, l'emprisonner dans l'embrâsure d'une fenêtre, le murer entre deux portes, et, là, essayer de lui parler raison, tenter de faire entrer dans sa cervelle une idée sérieuse, la première mouche l'entraînait avec elle, et il n'était pas plus à la conversation que le passant de la rue.

Au reste, il offrait cet avantage, qu'on n'avait pas besoin de causer longtemps avec lui pour connaître son caractère : au bout de cinq minutes de conversation, à moins d'avoir un crible dans l'esprit, comme, au dire du père Rozan, son fils avait une crevette dans le cerveau, on le possédait à fond.

Sa figure, sa parole, sa démarche, toute sa personne le révélait.

C'était, d'ailleurs, un charmant cavalier, ainsi que l'avait annoncé Colomban à Carmélite.

Il avait d'abord une ravissante tête, sur un corps svelte et mince, sans être maigre ni grand, d'une complexion délicate en apparence, parce qu'il était souple et gracieux.

Ses yeux étaient longs, vifs, d'un noir tirant sur le marron, de vrais yeux de créole, veloutés, avec des cils longs de six lignes.

Sa chevelure, du plus beau noir, entourait, comme un cadre d'ébène à reflets bleuâtres, sa figure fine et légèrement bistrée.

Le nez était droit, bien proportionné, attaché au front comme le nez d'une statue grecque.

La bouche était petite', belle, fraîche, avec des lèvres un peu courbées en dehors, lèvres dont le baiser est toujours prêt à s'échapper.

Enfin, dans tout son extérieur, dans son port, dans ses manières, dans sa mise même, quoique ce charmant oiseau des tropiques, quoique ce magnifique papillon de l'équateur portât peut-être des cravates trop voyantes, des gilets trop diaprés, tout, jusqu'à la mise même, avait un tel air de distinction, que les plus vieilles marquises l'eussent pris pour un gentilhomme de vieille souche.

Sa beauté capricieuse, coquette, enluminée, faisait un singulier contraste avec la beauté grave, sévère, je dirai presque granitique de Colomban.

L'un avait la force et la beauté de l'Hercule antique, l'autre avait la mollesse, la grâce juvénile, la *morbidezza* de Castor, de l'Antinoüs et même de l'Hermaphrodite.

Quiconque les eût vus tous deux se tenant embrassés, n'eût pas compris par quelles secrètes sympathies, par quelles mystérieuses affinités, cet homme fort et ce faible jouvenceau se trouvaient attirés dans les bras l'un de l'autre ; ce n'étaient pas deux frères, — car la nature a horreur des dissemblances ; — c'étaient donc deux amis.

Mais par quels liens inconnus leurs deux cœurs se rattachaient-ils l'un à l'autre ?

Nous l'avons dit dans le chapitre précédent, la protection dont Colomban avait peu à peu couvert le jeune homme était devenue insensiblement une amitié profonde; au lieu de les éparpiller sur les uns et sur les autres, Colomban avait enfoui dans son cœur les richesses d'affection qu'il avait amassées au collége pour Camille Rozan.

Il le reçut donc, on l'a vu, comme un frère reçoit son frère bien-aimé : et ce qui prouve la puissance de son amitié, c'est qu'il oublia, pendant toute la journée, l'affection nouvelle que frère Dominique venait de lui révéler.

Il fit, du petit salon où il recevait les

rares camarades de collége qui venaient lui faire visite, [la chambre à coucher de Camille.

Comme Colomban couchait dans l'alcôve de la pièce voisine, ils n'étaient séparés que par une cloison, cloison si mince, que, d'une chambre, on entendait tout ce qui se disait ou se faisait dans l'autre.

Colomban avait d'abord visité les tapissiers du faubourg Saint-Jacques ; mais, là, comme on sait, il n'avait trouvé que des meubles de noyer, et Colomban, qui couchait dans une couchette peinte, avait compris que son aristocrate ami n'accepterait que des meubles d'acajou,

Il avait donc, petit à petit, descendu la rue Saint-Jacques, traversé les deux bras de la Seine, et était arrivé à la rue de Cléry.

Là, il avait trouvé ce qu'il lui fallait : lit d'acajou, bureau d'acajou, canapé et six chaises idem.

Il en avait eu pour cinq cents francs.

Comme c'était juste le double de la somme qu'il possédait, il avait été obligé d'emprunter la différence.

— Quant à la literie, il avait pris les deux matelas, le traversin et la couverture de son lit, se réservant le sommier, le drap, l'oreiller et son manteau d'hiver.

Colomban revint tout désespéré d'être rentré deux heures plus tard qu'il n'avait dit. Depuis deux heures Camille devait l'attendre.

Camille, par bonheur, n'était pas rentré.

— Oh! tant mieux! se dit Colomban. Cher Camille, il trouvera sa chambre prête!

Colomban attendit Camille toute la journée.

Camille ne rentra qu'à onze heures du soir.

Colomban, tout radieux, l'introduisit dans sa chambre, souriant d'avance à ce qu'allait dire son cher Camille.

— Ouf! dit celui-ci en éclatant de rire, des meubles d'acajou? Mon cher, il n'y a que les nègres qui aient, chez nous, de ces meubles-là!

Colomban, une troisième fois, se sentit frappé au cœur.

— Mais, n'importe, cher Colomban, reprit Camille, tu as fait pour le mieux. Embrasse-moi, et reçois tous mes remercîments.

Et il embrassa Colomban sans se douter ni du mal que lui avait fait l'apostrophe, ni du bien qu'allait lui faire le baiser.

VII

Histoire de la princesse de Vanves.

Les premières journées s'écoulèrent à rappeler le passé, et à raconter les différentes aventures dont Camille avait été la victime ou le héros.

Toutes les joies de cette abondante nature, égoïste au milieu de son abondance, venaient de la satisfaction, comme toutes ses tristesses venaient de l'absence d'un plaisir.

Il avait beaucoup voyagé ; il avait vu la Grèce, l'Italie, l'Orient, l'Amérique ; sa conversation devait donc être pleine d'intérêt pour l'esprit curieux et désireux de tout connaître de Colomban.

Mais Camille n'avait voyagé ni en savant, ni en artiste, ni même en commis voyageur.

Il avait voyagé en oiseau, et chaque vent nouveau avait enlevé de ses ailes jusqu'à la poussière du pays qu'il quittait.

Cependant, une chose l'avait frappé pendant ses voyages.

Cette chose qui l'avait frappé, ce n'étaient ni les monuments, ni les sites, ni les mœurs, ni les hommes, ni les beautés de l'art, ni celles de la nature; non : ce qui l'avait frappé, ému, ébloui, c'étaient les multiples beautés de la femme dans les divers climats. Camille était homme de sensations plutôt que d'impressions; ses félicités se répandaient par tout son corps, mais elles ne franchissaient pas l'épiderme; il prenait la joie, le bonheur, la volupté, l'amour, comme on prend un bain : il y restait plus ou moins longtemps plongé, selon que le bain lui était plus ou moins agréable.

Il en résultait que Camille eût donné tous les grands bois, toutes les forêts vierges, toutes les savanes, tous les lacs, toutes les prairies, la Grèce avec ses ruines, Jérusalem avec ses souvenirs, le Nil avec ses mille villes, pour le baiser de la première belle fille qu'il eût rencontrée sur son chemin.

En vain Colomban, avec un entêtement qui prouvait sa naïveté, essayait-il de le faire parler d'une façon pittoresque ou intéressante des différents lieux qu'il avait parcourus, il était muet; non que la forme lui manquât pour exprimer ses impressions, la forme, au contraire, était précise et poétique en même temps ; mais, quand son ami l'appelait sur les bords de l'Ohio, ou dans la grande mosquée du Caire, le souvenir d'une jeune indienne à la peau rouge, ou d'une belle grecque aux yeux noirs lui revenait en tête, et le récit sérieux s'en allait à travers champs.

Un jour qu'il parlait avec Colomban de la Grèce, ce pays classique qui, plus qu'aucun autre, éveillait l'enthousiasme du jeune Breton, celui-ci, après avoir essayé vainement de lui faire décrire toutes ces îles pittoresques qu'il avait visitées : Delos, Zéa, Paphos, Cythère, Paros, Ithaque,

Lesbos, Amathonte, toutes ces corbeilles de fleurs de l'archipel Ionien, dont les noms seuls font monter au cœur toutes ces juvéniles bouffées de cette poésie antique où l'esprit s'abreuve à quinze ans ; après lui avoir laissé raconter dans tous leurs détails ses amours avec une jeune fille des Dardanelles, sous les lauriers roses d'Abydos ; — un jour, disons-nous, Colomban le supplia de lui parler sérieusement d'Athènes, et de lui dire quelle avait été son impression en entrant dans cette grande cité où ils avaient voyagé ensemble à travers l'archipel des bancs du collége.

— Ah ! tu veux que je te parle d'Athènes? demanda Camille.

—Oui, je veux que tu me dises ce que tu en penses.

— Ce que je pense d'Athènes ?...Diable ! Je n'ai rien à t'en dire, moi.

— Comment, tu n'as rien à m'en dire ?

—Non... Dame, tu connais Montmartre, n'est-ce pas? Eh bien, c'est sur une hauteur comme Montmartre ; seulement, cette hauteur domine le Pirée.

Camille, son esprit, son tempérament, son caractère étaient tout entiers dans cette appréciation d'Athènes.

Il envisageait les côtés les plus sérieux de la vie avec cette même insouciance et cette même légèreté.

Et, cependant, on verra, à l'occasion, quels trésors de souvenirs retrouvait parfois dans sa mémoire l'oublieux créole.

Un matin, Colomban,—c'est-à-dire l'acteur qui jouait, dans la comédie de l'existence de Camille, le rôle de raisonneur; Colomban, l'Ariste, le Philinte, le Cléante de cet autre Damis, de ce nouveau Valère; — Colomban lui dit :

— Écoute, Camille, tu ne peux pas rester ainsi à ne rien faire. Prends du plai-

sir tant que bon te semblera, si ta santé y
résiste, c'est ton affaire ; mais le plaisir
n'est pas le but de la vie ; le but de la vie,
le vrai but, c'est le travail; il faut donc
songer à faire quelque chose. Toute occupation, d'ailleurs, te rendra le plaisir plus
doux ; et puis, ta fortune n'est pas tellement grande qu'elle ne te paraisse insuffisante un jour, si tu te maries et que tu
aies femme et enfants. Si, dès ton début
dans la vie, tu prends l'habitude de l'oisiveté, tu ne sauras plus t'en corriger ; tu
ne seras plus reçu nulle part, car tes jours
de repos seront les jours de travail des
autres. Si tu avais l'esprit étroit, l'imagination bornée, je te laisserais peut-être
aller à ta guise; mais, tout au contraire, tu
as des aptitudes magnifiques, des facultés

merveilleuses... Que peux-tu faire? Eh ! mon Dieu ! je l'ignore comme toi ! Nous en causerons quand tu voudras, mais, en attendant, je te reconnais une intelligence propre à tous les travaux, aussi bien aux œuvres d'art qu'aux œuvres de science ; tu peux faire un bon avocat, un bon médecin, un grand compositeur ; tu as la bosse de la musique ; j'ai gardé plusieurs des mélodies que tu avais faites au collége, et, à cinq ans de distance, j'ai trouvé dans ces mélodies des motifs d'une fraîcheur et d'une originalité admirables ! Choisis donc une profession, pour Dieu ! fais du droit ou de la médecine; deviens un savant ou un artiste, mais deviens quelque chose ! Je ne sais comment te diriger ; j'ignore tes goûts, depuis si longtemps que tu m'as quitté, mais, crois-moi, mon cher Camille, mieux vaut faire un travail quelconque, ne fût-il pas de ton goût, que de n'en faire aucun.

— J'y songerai, répondit Camille, qui avait l'air d'avoir envie de songer comme d'aller se pendre.

— Si je croyais t'être cher autant que tu me l'es à moi-même, continua Colomban avec une imperturbable gravité, je te menaçerais de la perte de mon amitié si tu ne fais pas choix d'un état quelconque. Frère Dominique appelle l'homme qui ne travaille pas un malhonnête homme, et il a raison.

— C'est bon, dit Camille, moitié gaîment, moitié sérieusement, on le choisira, ton état. J'y songe à part moi, sans avoir l'air; mais, au fond, je ne pense qu'à cela; ainsi tous les soirs, en me déshabillant, je me demande par quelle cause mystérieuse mes bretelles, qui, le matin, sont plates et droites sur mon dos, sont, le soir, tordues et enroulées comme des câbles. Eh bien! cher ami, cette observation m'a fait faire des réflexions profondes, et je crois que ce serait une œuvre philanthropique que d'apporter une amélioration dans la confection des bretelles.

Colomban poussa un soupir.

— Voyons, voyons, Colomban, dit Camille, ne soupire pas comme cela pour une plaisanterie! Que diable feras-tu pour un malheur? — Demain, je prends mes inscriptions à l'école de Droit; j'achète un code, et je le fais relier en chagrin, afin qu'il soit un emblème touchant de celui que je t'aurai causé.

— Camille! Camille! fit Colomban en secouant la tête, tu me désespères, et j'ai peur que tu ne deviennes jamais un homme.

Camille vit qu'il fallait transporter la conversation sur un autre terrain, ou bien que le dialogue allait tourner à la mélancolie.

— Ah! tu as peur que je ne devienne jamais un homme, dit-il ; en tout cas, cher ami, cette peur-là n'est pas celle de ta blanchisseuse.

Colomban regarda Camille de l'air d'un homme à qui, au milieu de la conversation, on parle tout à coup une langue inconnue.

— Ma blanchisseuse? dit-il.

— Ah! mon gaillard, continua Camille, tu ne m'avais pas dit que tu te lavais les mains de ce savon-là... Peste! M. le docteur, M. le sage, M. saint Jérôme a une blanchisseuse de dix-huit ans, que sa beauté a fait nommer à l'unanimité la princesse de Vanves et la reine de la Mi-Carême ! Or, son meilleur ami lui arrive des forêts vierges de l'Amérique avec une exubérance de sève empruntée aux susdites forêts, et monsieur trahit les premiers devoirs de l'hospitalité en cachant à son hôte ses trésors les plus précieux ! Ventre-Mahon ! comme dit je ne sais quel personnage de Walter-Scott, est-ce ainsi que vous comprenez les règles les plus élémentaires de la communauté, et n'y a-t-il pas une manière de trahison dans votre cachotterie ?

— Mon ami, répondit Colomban avec une adorable naïveté, tu me croiras si tu veux, mais je connais très peu la figure de ma blanchisseuse.

— Tu connais très peu la figure de ta blanchisseuse?

— Je te le jure!

— Alors, c'est bien la peine d'avoir une pareille figure pour qu'une pratique de trois ans, jeune homme de vingt-cinq, n'y ait pas fait attention! car je lui ai demandé depuis combien de temps elle était ta blanchisseuse, et elle m'a répondu : « Trois ans. »

— C'est possible, dit Colomban; je n'ai

aucune raison de changer de blanchisseuse, quand ma blanchisseuse me blanchit bien.

— Et quand elle est jolie?

— Camille, dit Colomban, il y a certaines femmes de la beauté et de la laideur desquelles je ne me préoccupe jamais.

— Voyez-vous, M. le vicomte de Penhoël! Aristocrate, va!... Mais, alors, M. de Béranger, avec sa Lisette, est donc un goujat, un Camille Rozan? Qu'est-ce que c'était que Lisette, sinon la blanchisseuse de M. de Béranger!... Ah! c'est vrai, M. de Béranger a fait une chanson dans laquelle il dit qu'il n'est pas noble, mais, au contraire, qu'il est vilain et très vilain; cela explique Lisette, Frétillon, Suzon... Mais M. Colomban de Penhoël, peste!

— Que veux-tu, Camille, c'est ainsi.

Camille leva les bras au ciel avec une compassion comique.

— C'est ainsi? dit-il; comment! l'Être Suprême s'escrime à placer sous tes yeux toutes les merveilles de la beauté, incarnées dans une seule créature, et toi, païen, tu prétends avoir quelque chose de plus important à faire que de comtempler ce chef-d'œuvre! Mais si feu Raphaël avait fait de la Fornarina le même mépris que tu fais de la princesse de Vanves, nous n'aurions pas la *Vierge à la Chaise*, malheureux! Et qu'était-ce que la Fornarina? Une blanchisseuse qui lavait son linge dans le Tibre. Ne dis pas non, je m'en suis informé au port de la Ripetta.

— Eh bien! soit, je t'accorde tout cela. Maintenant, comment connais-tu ma blanchisseuse? où l'as-tu vue?

— Ah! voilà où je voulais t'amener! Les serpents de la jalousie te déchirent la poitrine, n'est-ce pas?

— Tu es fou, dit Colomban en haussant les épaules.

— Tu me donnes ta parole que la belle princesse de Vanves ne t'intéresse point particulièrement?

— Oh! je te l'affirme sur ma foi de gentilhomme.

— Ainsi, faire la cour à cette fée des eaux... à cette naïade de la Seine, ne serait pas chasser sur tes terres?

— Mais non, cent fois non!

— Eh bien! alors, ouïs attentivement; je commence :

— *Histoire* de la première rencontre de

Guillaume-Félix-Camille de Rozan, créole de la Louisiane, avec Son Altesse mademoisélle Chante-Lilas, princesse de Vanves, blanchisseuse dans ladite principauté.

C'était hier... Un romancier te dirait que c'était par une éblouissante après-midi du mois de mai; mais ce romancier te volerait, mon cher; car il faisait une pluie battante, comme tu sais, puisque tu avais emporté le parapluie; raison qui, vu la distance des fiacres, véhicule que l'on ne trouve que dans les pays civilisés, m'a empêché de sortir pendant que tu étais à l'école de Droit. Je ne m'en plains pas, puisque c'est ce qui fit qu'en ton absence, j'eus le plaisir de recevoir ta blanchisseuse, qui m'est arrivée trempée comme du vin de collége... Tu te rappelles notre abondance, hein?... Eh bien! voilà comme la princesse de Vanves était trempée! Or, ma première pensée a été, en la voyant si trempée, admire ma philosophie! — a été d'acheter un second parapluie; car, autant — retiens bien cet axiome, Colomban, — autant deux parapluies sont inutiles quand il fait beau, autant un parapluie est insuffisant pour deux quand il fait mauvais temps et que l'on va chacun de son côté.

Mais, ça, c'est un détail,

La lavandière entra donc dans ton arche, blanche colombe, seulement, elle arrivait au commencement du déluge ; de sorte que, voyant de ta chambre le temps qu'il faisait dehors, et l'inondation, qui, comme dit la Bible, *gagnait les hauts lieux*, elle n'eut pas de peine à accepter l'offre que je lui fis d'y séjourner momentanément.

A ma place, voyons, Colomban, qu'eusses-tu fait ?..... Voyons, parle franchement.

— Allons, continue ton récit, gamin, dit le grave Breton, que le babillage de cet oiseau moqueur amusait malgré lui.

— Evidemment, si je te connais bien,

reprit Camille, tu eusses laissé la lavandière achever sa pleine eau ; ou si tu avais été assez humain pour lui offrir ton toit, tu lui eusses tourné le dos, la privant ainsi des charmes de ta figure ; ou tu te fusses remis à lire, la privant ainsi du charme de ta conversation. Voilà ce que tu eusses fait, n'est-ce pas ? sous prétexte, monsieur le gentilhomme, qu'il y a des femmes qui ne sont pas des femmes pour vous ! Moi, je ne suis qu'un sauvage : aussi ai-je fait ce que fait l'Indien dans son wigwam, ce que l'Arabe fait sous sa tente : j'ai rempli minutieusement les devoirs de l'hospitalité. Le premier dont je crus devoir m'acquitter, après quelques menus propos, fut de lui faire ôter son fichu, attendu que la pointe dudit fichu ruisselait dans son dos comme la baleine d'un parapluie; sans cette précaution charitable, la princesse de Vanves eût infailliblement contracté un violent rhume de poitrine que je me fusse amèrement reproché! Ah! je vois d'ici la mauvaise pensée qui te *point,* comme dit maître Amyot. — Eh bien! non, je n'avais aucune intention perverse, et, comme Hippolyte, je puis le dire, *le jour n'était pas plus pur que le fond de mon cœur.* Le vers n'y est pas, et j'en suis ravi ; je n'ai jamais pu souffrir les vers... C'était, je te le répète, par pure charité, et la preuve, c'est que, redoutant pour elle le froid glacial de la chambre, je lui présentai un foulard qui se trouvait sur ta chaise.

Hein! M. Tartufe n'eût pas mieux fait, j'espère?

C'était ton foulard blanc, le plus beau de tous tes foulards! je dois même te prévenir que la princesse l'a emporté, croyant qu'il était à elle.

Mais c'est encore là un détail.

Une fois qu'elle fut à l'abri, je lui offris une chaise ; mais je dois avouer à sa gloire qu'elle refusa de s'y asseoir, non pas qu'elle se crût indigne, elle, princesse de Vanves, de s'asseoir devant le plus humble de ses serviteurs, mais parce qu'elle craignait, toute ruisselante qu'elle était, d'endommager le velours d'Utrecht de ton mobilier... Je crus du moins deviner cela, à la façon dont elle accepta, après quelques manières, une place à côté de moi sur le canapé, qui, revêtu d'une housse de coutil, ne lui paraissait courir aucun danger.

Et, maintenant, voici ce que tu ne voudras pas croire, ô Colomban ! toi qui nies les Lisettes, dédaignes les Frétillons, et méprises les Suzons de M. de Béranger : c'est que, lorsqu'on est né sous le 86°40'-92° 55' longitude ouest, et par le 29°-33° latitude nord, on n'est point assis impunément près d'une jolie fille, cette fille fût-elle blanchisseuse ; il s'établit, vois-tu, Colomban, entre elle et vous, un je ne sais quoi qui équivaut à ce que notre professeur de physique appelait, au collége, les courants électriques. Or, ces courants — tu ne sais pas cela, don Socrate, roi des sages — ces courants vous font germer, pousser, fleurir, en dix minutes, au cerveau, mille fringantes pensées que ne ferait jamais éclore un article du code, si entraînant que fût cet article.

C'est une pensée de cette sorte, cher ami, qui me poussa à lui dire :

« — Princesse de Vanves, sur mon honneur, je trouve Votre Altesse ravissante ! »

Et c'est, sans doute, une pensée analogue qui la fit rougir comme un coquelicot.

Je n'ai pas besoin de te dire, si innocent que tu sois, mon cher Colomban, que plus une femme rougit, plus elle est belle. La princesse de Vanves était donc la plus belle des princesses, et la tête commençait à me tourner, quand, par bonheur, mes yeux, en tournant avec ma tête, s'arrêtèrent sur le foulard blanc qui avait remplacé son fichu.

Ce foulard, mon ami, c'était toi, j'ignorais ton antipathie pour les fées, les naïades, les ondines ; je craignais de trahir l'amitié, et cette crainte m'arrêta au bord du précipice.

Maintenant, tu me jures que la princesse de Vanves t'est étrangère ; très bien ! comme je suis du pays des précipices, je ne les crains pas. Que l'occasion se présente, et je m'y laisse glisser tout doucement !

Cette péroraison achevée, Colomban voulut faire quelques observations ; mais Camille se mit à chanter d'une voix ravissante :

>Lisette, ma Lisette,
>Tu m'as trompé toujours;
>Mais vive la grisette!
>Je veux, Lisette,
>Boire à nos amours!

Et, aux accents de cette voix harmo-

use, vivrante, magique, qui faisait fré-
jusqu'aux plus secrètes fibres du
ır, Colomban ne sut plus qu'applau-

VIII

Le chêne et le roseau.

Ce récit de la première rencontre de Camille avec la princesse de Vanves, récit que nous avons essayé de reproduire, non-seulement dans son ensemble, mais encore dans ses détails, donnera, mieux que tou-

tes les analyses que nous aurions pu f
une idée du caractère de Camille, c
tère plein d'insouciance et de gaîté.

Cette gaîté, qui, entre hommes, n
pas toujours d'un goût bien épuré,
sait, cependant, sur le sérieux Bre
à peu près comme eussent agi les m
deries d'un chat ou le babillage (
perruche; Camille commençait tou
par avoir tort, et finissait toujours
avoir raison.

Il y eut pourtant un point sur leq   e
brisa sa persistance.

La vie régulière, monotone mên   ue

menait Colomban n'était pas précisément la vie idéale qu'avait rêvée Camille ; aussi, se sentait-il mal à l'aise et à l'étroit dans cette paisible retraite. Les meubles du Breton lui inspiraient cette espèce d'effroi que doit inspirer à un jeune homme sans vocation la vue de sa cellule en entrant dans un cloître.

Un jour, Colomban, au retour de l'école, trouva la tête de son lit ornée d'une tête de mort, surmontant deux os en croix, avec cette phrase consolante en exergue :

Camille, il faut mourir !

L'esprit grave et pensif du jeune homme

ne s'effraya aucunement de cette sombre maxime, et il laissa à la tête de son lit le funèbre ornement qu'y avait placé Camille.

Ainsi cette douce habitation, si riante aux yeux de Colomban, exhalait pour Camille les miasmes du séminaire : tout l'agaçait, tout l'attristait, jusqu'à ce poétique tombeau de La Vallière qui avait fait tant rêver Colomban et Carmélite : cette éternelle image de la mort qu'il avait sous les yeux, image consolante pour une âme pieuse, le révoltait et lui inspirait les sarcasmes les plus amers.

— Pourquoi, disait-il à Colomban,

n'achètes-tu pas tout de suite une concession dans un cimetière ? En faisant tendre les murailles d'un drap noir à larmes d'argent, tu aurais, pendant ta vie, un appartement d'une gaîté folle, et tu pourrais l'habiter même après ton décès.

Vingt fois il proposa à Colomban de changer ce qu'il appelait leur emprisonnement contre un appartement *à Paris*, ou fût-ce même *dans les faubourgs de Paris*, tels que la rue de Tournon ou la rue du Bac.

Jamais Colomban ne voulut y consentir.

Alors, comme cédant à un esprit d'accommodement, Camille cessait de parler de déménagement ; mais il continuait de tendre à ce but par des saillies incessantes contre leur claustration monacale. Quoique d'une nature impatiente, il avait, lorsqu'il trouvait une résistance plus forte que sa volonté, une souplesse dans les vertèbres de son imagination, s'il est permis de dire cela, qui lui donnait la facilité de la couleuvre à passer par les plus étroites issues ; il temporisait donc, essayant de se glisser sous l'obstacle qu'il ne pouvait renverser, prenant avantage, chaque fois que l'occasion s'en présentait, de l'amitié dévouée de Colomban, de sa faiblesse d'enfant gâté ; mais toutes ses vues tendaient à ce seul point : quitter au plus vite le quartier Saint-Jacques.

Malheureusement pour lui, outre le prix élevé du loyer dans un autre quartier, prix qui eût dérangé l'équilibre du budget de Colomban, outre que cette retraite isolée convenait admirablement au studieux Breton, il répugnait à celui-ci de quitter cet appartement, où pour la première fois l'amour lui était apparu sous ses plus fraîches couleurs.

Redoutant la légèreté de Camille, il n'avait pas encore osé lui confier le secret dont son cœur était plein; il en résultait que l'acharnement de Colomban à ne quitter ni son appartement, ni même le quartier, était un mystère pour l'Américain.

Camille avait plus d'une fois rencontré

Carmélite ; plus d'une fois l'ardent créole avait admiré la suave beauté de sa voisine, et avait interrogé Colomban sur cette charmante désolée — Carmélite, en deuil de sa mère, était vêtue de noir — mais Colomban s'était contenté de lui répondre :

— Le deuil que porte cette jeune fille est celui de sa mère ; j'espère que sa douleur la rendra respectable à tes yeux.

Et Camille n'avait plus parlé de Carmélite.

Seulement, un jour, *en revenant de Paris*, comme il disait, le jeune créole s'établit carrément dans un fauteuil, alluma un havane, et commença le récit suivant :

— J'arrive du Luxembourg.

— Très bien ! dit Colomban.

— J'ai rencontré notre voisine.

— Où cela ?

— Je rentrais comme elle sortait.

Colomban garda le silence.

— Elle tenait un petit paquet à la main.

— Eh bien? que vois-tu là d'intéressant?

— Attends donc...

— J'attends, comme tu vois.

— J'ai demandé au concierge ce qu'elle avait dans son paquet.

— Pourquoi cela?

— Pour le savoir...

— Ah!

— Il m'a répondu : « Des chemises. »

Colomban garda le silence.

— Mais sais-tu pour qui ces chemises ?

— Dame, je présume que c'est pour quelque magasin de lingerie.

— Pour les hôpitaux et les couvents, mon cher !

— Pauvre enfant ! murmura Colomban.

— Alors, j'ai demandé à Marie-Jeanne...

— Qui est-ce, Marie-Jeanne?

— Ta portière, donc! Tu ne savais pas que ta portière s'appelait Marie-Jeanne?

— Non!

— Comment! depuis trois ans que tu es dans la maison?

Colomban fit un mouvement des yeux, de la bouche et des épaules qui voulait dire : « En quoi cela m'intéresse-t-il que ma portière s'appelle Marie-Jeanne? »

— Enfin! dit Camille, c'est ton caractère; mais ce n'est point de cela qu'il s'agit.—J'ai donc demandé à Marie-Jeanne : « Combien cette belle fille peut-elle gagner à faire des chemises pour les couvents et les hôpitaux ? » Sais-tu ce qu'elle gagne ?

— Non, dit Colomban; mais elle doit gagner peu de chose.

— Un franc par chemise, mon cher !

— Ah ! mon Dieu !

— Or, sais-tu le temps qu'elle met à faire une chemise ?

— Comment veux-tu que je sache cela?

— C'est vrai, j'oubliais que tu n'étais pas curieux. Eh bien, mon cher, elle met un jour entier à faire une chemise, et encore en piochant comme une négresse, c'est-à-dire en travaillant de six heures du matin à dix heures du soir; et, quand elle veut gagner trente sous, c'est-à-dire de quoi manger tout juste, tu comprends? il faut qu'elle passe la nuit!

Colomban essuya la sueur qui perlait sur son front.

— N'est-ce pas effrayant? continua Camille. Réponds, cœur de granit! Est-il possible que des créatures du bon Dieu, belles, jeunes, distinguées, mènent cette vie de bêtes de somme?

— Tu as raison, Camille, bien raison! dit Colomban, touché presque autant de la sensibilité de son ami que de la pauvreté de la jeune fille — et je te sais gré de ton attendrissement en faveur des femmes laborieuses, de ces saintes obscures qui rachètent, aux yeux de Dieu, par leur travail obstiné, l'oisiveté des autres!

— Bon! c'est pour moi, ce que tu dis là? Merci!... Mais n'importe! D'ailleurs, je suis de ton avis. Comment! — c'est une indignité, ma parole d'honneur! — la femme... la femme, que Dieu a mise au monde pour faire la félicité de l'homme, pour créer, nourrir, élever ses enfants ; cette créature-là, pétrie de feuilles de rose, du parfum des fleurs, de gouttes de rosée; cette créature-là, dont le sourire est, au cœur de l'homme, ce qu'un rayon de soleil est à la nature ; cette créature-là est à la solde des couvents et des hôpitaux, et fait des chemises à un franc par jour ! En défalquant les dimanches et le chômage, cela fait trois cents francs par an !... Ainsi, comme pour conserver l'appartement de sa mère, ta voisine Carmélite... — Savais-tu qu'elle s'appelât Carmélite ?

— Oui.

— Ta voisine Carmélite paye cent cinquante francs de loyer, il lui reste, pour s'habiller, se chauffer, se chausser, se nourrir, cent cinquante francs par an, c'est-à-dire quarante et un centimes par jour — à moins qu'elle ne passe la nuit comme elle passe le jour, et, alors, en passant la nuit, cela lui ferait cinquante francs de plus peut-être! Et quand je pense que c'est un être comme moi, mon semblable — excepté qu'il est plus beau que moi — qui est condamné à un tel supplice!... Mais, mon ami, il n'y a pas de justice humaine, et il faut faire une révolution pour changer tout cela!

— Je crois, dit Colomban, qu'elle a, en

outre, une petite pension de trois cents francs.

— Ah! vraiment, tu crois? Trois cents francs! *une pension de trois cents francs*, et cent cinquante francs qu'elle gagne, total : quatre cent cinquante francs... Et cela vous paraît suffisant, à vous qui avez mille deux cents livres par an? Ah! monsieur le philanthrope, quatre cent cinquante francs pour trois cent soixante-cinq jours, et même pour trois cent soixante-six quand l'année est bissextile, vous paraissent suffisants pour se loger, se vêtir, déjeûner, dîner, souper, payer sa chaise à l'église? Mais, malheureux! si le gouvernement était obligé de nourrir les plantes, sais-tu bien que l'oxigène et le carbone qu'il faudrait dégager reviendraient à deux fois la somme que dépense cette pauvre enfant?

— C'est vrai, répondit le Breton, qui n'avait pas encore envisagé la pauvreté de Carmélite sous ce minutieux point de vue ; c'est affligeant ; je me demande comment elle peut faire?

— Tu te le demandes? dit Camille, enchanté de prendre sa revanche sur Colomban, et qu'excitait d'ailleurs la vue d'un beau visage. Ah! tu te le demandes? eh bien, je vais te répondre, moi : elle travaille presque toutes les nuits jusqu'à trois heures du matin!

— C'est la portière qui t'a dit cela ?

— Non, ce n'est pas la portière qui me l'a dit ; c'est moi qui l'ai vu.

— Toi, Camille ?

— Oui, moi, Camille de Rozan, créole de la Louisiane, c'est moi qui l'ai vu.

— Quand cela ?

— Mais... hier... avant-hier et les jours précédents.

— Et comment l'as-tu vu ?

— Elle n'est pas assez riche, n'est-ce pas, pour, la nuit, brûler une lampe ou une bougie quand elle dort? Or, du moment que la lampe ou la bougie brûle dans sa chambre, c'est qu'elle veille. Eh bien, toutes les nuits la lampe ou la bougie brûle dans la chambre de la voisine jusqu'à trois heures du matin.

— Mais toi, qui ne veilles pas jusqu'à trois heures du matin, comment sais-tu cela?

— Ah! bon! je ne veille pas jusqu'à trois heures du matin! qui te l'a dit? Eh bien, voilà qui te trompe : par exemple, avant-hier, c'était jour d'Opéra, n'est-ce pas?

— Oui, je crois... je ne sais pas...

— Oh! il ne connaît pas les jours d'Opéra! Lundi, mercredi, vendredi, sauvage! Avant-hier, c'était donc jour d'Opéra... lundi!

— Soit.

— Quand tu ne voudrais pas, c'est ainsi... Eh bien, en sortant de l'Opéra, j'ai rencontré un ancien camarade de collége...

— Un camarade à nous?

— A qui donc?

— Et lequel?

— Ludovic.

— Ah! oui, tiens, un des braves garçons du collége. Comme on se perd de vue, c'est étonnant!

— Ne m'en parle pas! cela vous ferait faire les plus tristes réflexions de la terre, si l'on réfléchissait.

— Qu'est-il devenu?

— Il fait de la médecine; ils ont tous la rage de faire quelque chose.

— Il n'y a que toi...

— Ah! je t'attendais là... tu as coupé edans! Enfoncé! n'en parlons plus. Il fait donc de la médecine.

— Il réussira : c'est une admirable intelligence, seulement un peu trop matérialiste dans la forme.

— Oui, très matérialiste dans la forme ; la princesse de Vanves pourra te dire un mot de cela.

— De sorte que?...

— Oui, *ad eventum...* Mais, pour *festi-*

nare ad eventum, il faut en finir avec les détails... Ludovic viendra te voir ; vous êtes voisins, je lui ai donné ton adresse.

— Mais, éternel rabâcheur, quel rapport y a-t-il entre Ludovic...

— Et Carmélite ?

— Je te le demande !

— Attends, je vais te le dire... En voilà un étrangleur de développements ! mais si tu avais été Thésée, tu aurais donc arrêté le récit de Théramène au dixième vers ? Et tu n'aurais pas su que le flot qui avait apporté le monstre avait reculé d'épouvante; tu n'aurais pas su que le corps du susdit monstre était *couvert d'écailles jaunissantes*, que *sa croupe se recourbait en replis tortueux*, tous détails du plus grand intérêt pour un père ! Que diable ! quand un père a son fils mangé par un monstre, c'est bien le moins qu'il sache par quel monstre, et, quand le monstre est un beau monstre, il a la consolation de se dire : « Mon fils a été mangé par un monstre, mais le monstre qui l'a mangé est un beau monstre ! »

— Tu sais que je t'écoute ?

— C'est ton devoir ! mais j'ai pitié de

toi, et j'abrège. Quel rapport y a-t-il entre Ludovic et Carmélite? Je vais te le dire.

Je rencontrai donc Ludovic en sortant de l'Opéra...

— Tu me l'as déjà dit.

— Eh bien, je te le répète. On ne rencontre pas un ami, tu comprends bien cela? un ami de collége qu'on n'a pas vu depuis trois ans, sans éprouver le besoin de se renarrer l'un à l'autre les épisodes de sa jeunesse. J'entrai par conséquent, avec Ludovic, au café de l'Opéra ; il s'agissait de donner du corps à la narration : ceci est un détail que je dois t'expliquer.

— Passe le détail.

— Oui, parce que le détail est à ta honte, n'est-ce pas, égoïste ?

— Ce détail alors ?

— Le détail, le voici : tu m'as fait faire maigre avant-hier, cagot !

— Moi ?

— Un lundi ! Il est vrai que c'est sans t'en douter ; aussi je ne te le reproche pas, je le constate purement et simplement.

Comme, dis-je, tu m'avais fait faire maigre à ton insu, attendu que tu avais demandé du porc frais, et que l'on nous a servi des œufs durs — métamorphose à laquelle, avec ta distraction habituelle, tu n'as prêté aucune attention — j'ai cru devoir renouveler mes forces en mangeant un pilon de poulet en société de notre ami Ludovic. Le poulet n'était-il qu'un prétexte pour causer, ou la conversation n'était-elle qu'un prétexte pour manger le poulet? Je l'ignore. Je dois te dire, toutefois, que la conversation dura infiniment plus que le poulet, et que ce fut vers trois heures du matin seulement que je rejoignis les murs de notre cloître. En regardant le ciel, plutôt par désœuvrement que pour savoir le temps qu'il ferait le lendemain, j'aperçus, à travers la fenêtre de notre voisine, la pâle clarté de la lampe du travail, et ce fut par un pur sentiment d'humanité que, le surlendemain, c'est-à-dire aujourd'hui, la voyant sortir un paquet à la main, je me souvins de la veillée, et j'interrogai Marie-Jeanne. Maintenant, tu sais tout ce qu'a répondu Marie-Jeanne. Pauvre fille !

— Oui, pauvre fille ! tu as raison, Camille, et plus pauvre encore que tu ne crois ; car elle n'a pas un parent en ce monde, pas un ami, pas une affection !

— Mais c'est épouvantable, cela ! s'écria Camille. Et, comment ! toi, son voisin depuis cinq ou six mois, un an peut-être, tu n'as pas cherché à faire sa connaissance?

— Si fait! dit le Breton en soupirant : j'ai plusieurs fois causé avec elle...

Et peut-être en ce moment Colomban allait-il tout dire à son ami, si celui-ci n'eût refoulé la confidence par une de ces phrases qui remettaient incessamment sur la défensive Colomban près de céder.

— Ah! Breton mystérieux! s'écria Camille, tu as causé avec elle, et tu ne m'as pas dit un seul mot de cette causerie. Mais tu veux donc faire mentir cette loyauté dont ta race a accaparé le privilége, sous prétexte qu'elle a la tête dure et le front carré? En effet, ta discrétion à l'égard de la princesse de Vauves aurait dû me faire tenir sur mes gardes. Je ne te pardonne qu'à une condition : c'est que tu vas me faire le récit de cette pastorale, et, cela, détail par détail, sans épargner les fleurs de rhétorique; j'aime les longs récits, moi, tout au contraire de toi... J'exhibe un havane, je l'allume et je t'écoute. Parle, Colomban! tu parles si bien!

— Je t'assure, Camille, dit Colomban embarrassé, qu'il n'y a eu dans notre conversation rien d'intéressant pour toi.

— Ah! je t'y prends, mon gaillard!

— Comment?

— Dire que ce n'est point intéressant pour moi, n'est-ce pas sous-entendre que c'est fort intéressant pour toi? Je te demande de me dépeindre la nuance d'intérêt que cette conversation a eue, soit pour ton esprit, soit pour ton imagination, soit pour ton cœur; en un mot, je te répète, à propos de Carmélite, ce que je t'ai dit au sujet de la princesse de Vanves ; bien que je n'aie jamais eu l'idée, sois-en sûr, de ranger notre voisine dans la même catégorie que ma princesse... Cette belle personne qui passe les nuits à faire des chemises pour les couvents et les hôpitaux t'intéresse-t-elle particulièrement? — Réponds-moi, Colomban! Colomban, réponds-moi!

Mis en demeure par son ami, Colomban étendit la main vers lui, et de cette main lui touchant le genou, il lui dit d'une voix douce et grave :

— Écoute, Camille, je vais tout te raconter; mais, pour Dieu, ne traite pas ma confidence avec ta légèreté ordinaire, et garde mon secret comme je l'aurais gardé moi-même, si je n'eusse pas cru que te cacher un coin de mon cœur fût une trahison à notre amitié.

Et Colomban recommença pour Camille

le récit minutieux qu'il avait déjà fait à frère Dominique.

— Et qu'a dit frère Dominique ? demanda Camille quand son ami eut cessé de parler.

Colomban répéta au jeune créole les encouragements que le moine lui avait donnés.

— Eh bien, à la bonne heure ! s'écria Camille, voilà l'abbé de mes rêves ! si j'étais fils d'un abbé, je ne voudrais pas que mon père fût d'un autre bois que celui-là. Il a parfaitement fait de t'encourager, frère Dominique, quoique, à franchement parler, tu n'aies pas l'air d'avoir bien besoin d'encouragements; mettre le feu à une étoupe enflammée m'a toujours paru un labeur oiseux. Ce qui me passe, c'est de ne pas avoir deviné cela, moi; j'aurais dû m'en douter, cependant, aux propos enfantins que tu tenais les premiers jours de mon arrivée, et surtout à ton entêtement à ne pas quitter le quartier. Ah! tu as bien fait de me prévenir; il était temps : ça brûlait; demain, je me mettais en campagne. Mais, à partir de ce moment, c'est fini; l'amante de mon hôte est comme la femme de César : elle ne doit pas même être soupçonnée! Rapporte-t'en à ma discrétion, et dis-moi, maintenant, comment tu comptes agir... Ta marche vers le but me paraît, permets-moi de te le dire, décroître en

raison inverse de la marche de ta passion :
tu adores énormément, mais tu n'avances
pas !

— Qu'appelles-tu avancer, Camille? dit
Colomban presque effrayé.

— Dame, j'appelle avancer tout ce qui
n'est pas reculer, moi, et j'appelle reculer
la retraite que tu as opérée depuis un mois
que je suis ici... Ah! je pense à une chose...
Imbécille! animal! bête que je suis! oiseau
déplumé! c'est ma pensée qui te gêne, cher
ami! Dès demain, je t'en délivre.

— Camille, Camille, y songes-tu, mon
ami? s'écria Colomban.

C'était le lion du Jardin des Plantes ayant besoin dans sa cage de ce roquet aboyeur.

— Certainement que j'y songe, Colomban : je ne veux pas entraver la félicité de mon seul ami.

— Mais tu ne l'entraves pas le moins du monde, Camille !

— Je l'entrave outrageusement, et, dès demain, je me mets en quête d'un appartement de garçon.

— Oui, c'est cela, dit Colomban avec

tristesse, tu veux me quitter ; tu es las de mon voisinage ; notre amitié t'est lourde !

— Ah ! Colomban, mon ami, voilà que tu dis des bêtises !

— Eh bien, soit, va-t'en ; mais je m'en irai avec toi.

— Alors, dit Camille, cours chez le propriétaire, et, si ma présence ne te désoblige pas...

— Enfant ! s'écria l'excellent Breton.

— Eh bien, passe, en nos deux noms,

un bail de trois, six, neuf... à moins cependant, je te le répète...

*

— Camille, interrompit Colomban, j'aime Carmélite, je l'aime de toute la force de mon âme, mais si tu me disais : « Colomban, mes possessions d'Amérique ont été incendiées, je suis ruiné, ma fortune est à refaire! vois mes bras : ils sont faibles! Eh bien! il me faut le secours de tes deux robustes bras, fils de la vielle Bretagne! » Camille, je partirais à l'instant même, sans regrets, sans douleur, sans jeter un regard en arrière, sans même soupirer sur cette moitié de ma vie que je laisserais ici.

— Bon! bon! bon! voilà qui est convenu ; je sais que tu le ferais comme tu le dis.

Le Breton sourit tristement.

— Sans doute, que je le ferais, dit-il.

— Eh bien, voyons, où cet amour-là te mènera-t-il?

— Au mariage probablement.

— Oh! oh! avec une petite fille qui fait des chemises pour les couvents et les hôpitaux, toi, le vicomte de Penhoël, toi qui dates de Robert-le-Fort?

— C'est la fille d'un capitaine, officier de la Légion-d'Honneur.

— Oui, noblesse de canon... enfin n'importe ! si cela te convient, si cela convient à ton père, personne n'a rien à y voir.

— Mon père fera tout pour le bonheur de son fils unique.

— Voyons donc alors, pourquoi n'entames-tu pas les pourparlers?

— Mais, mon cher Camille, je ne sais pas d'abord si Carmélite m'aime.

— Et puis tu veux, avant de te lancer dans ce sentier de ronces et d'épines qu'on appelle le mariage, respirer l'arome des prés fleuris qu'on appelle l'amour! soit; c'est un accès de sensualisme que je comprends, un raffinement de volupté que j'apprécie; mais, en attendant, tu ne laisseras pas, j'espère, la chère créature s'abîmer les yeux à ce travail d'araignée?

— Et le moyen de faire autrement, Camille? Suis-je assez riche, moi, pour lui venir en aide? Quand bien même je serais millionnaire, accepterait-elle l'offre d'un secours, quelle que fût la forme sous laquelle je le voulusse déguiser?

— Elle n'acceptera pas un secours, mais elle acceptera du travail.

— Comment veux-tu que je lui procure du travail?

— Oh! que tu es donc empêché, cher ami!

— Voyons, explique-moi cela; tu me fais mourir d'impatience!

— Un de mes amis des colonies m'a chargé de lui expédier six douzaines de chemises, moitié en toile de Hollande, moitié en batiste; j'ai acheté l'étoffe ces jours-ci, et on me l'apporte ce soir ou demain. L'ami qui me donne cette commission a fixé, en moyenne, le prix de chaque chemise à vingt-cinq francs; il faut, pour une chemise d'homme, trois mètres vingt-cinq centimètres d'étoffe : mettons la toile à cinq francs, cela nous fait seize francs vingt-cinq centimes par chemise; c'est donc huit francs soixante-quinze centimes qui restent pour la façon. Eh bien, donnons ces chemises à faire à la voisine : il paraît qu'elle travaille comme une fée; c'est huit francs soixante et quinze centimes qu'elle gagnera par chemise au lieu d'un franc. — Est-ce clair?

— Elle n'acceptera pas, dit Colomban, en secouant la tête.

— Comment elle n'acceptera pas?

— Elle croira que ce n'est qu'un moyen

ingénieux de lui venir en aide ; elle sait le prix du travail ; et, quand il sera question du chiffre fabuleux que tu dis, elle refusera.

— Ah ! que tu es bien un Breton entêté et entêtant ! Comment refuserait-elle d'accepter pour son travail le prix que l'on me fait payer à moi, dans un grand magasin de confection ? Je lui montrerai mes factures, que diable !

— De cette façon, dit Colomban, la chose me paraît acceptable, et je te remercie sincèrement d'en avoir eu l'idée.

— Eh bien ! propose-lui la chose dès ce soir.

— Je vais y penser.

— Pense en même temps que ce n'est pas un état, que de faire des chemises. J'ai couru le monde, et parfois — cela va te faire rire — au rebours de bien d'autres qui regardent sans voir, moi, j'ai vu sans regarder... J'ai vu que le temps n'est pas loin où les machines feront en une heure le travail d'aiguille que cent femmes ne font pas en une semaine. Regarde les cachemires de l'Inde : tout un village travaille six mois à faire un châle que les métiers de Lyon confectionnent en douze heures ! Eh bien, il faut chercher à Carmélite un état qui, dans le cas où M. le comte de Penhoël ne permettrait pas à monsieur son fils d'épouser une faiseuse de chemises, permette au moins que la pauvre fille ne meure pas de faim.

Colomban regarda Camille avec des yeux pleins de larmes.

— Je ne t'ai jamais vu si sérieux, si bon, et d'un jugement si droit, Camille! je t'en remercie, puisque c'est ton amitié pour moi qui t'anime et te dirige.

Mais sans s'arrêter à ces cajoleries affectueuses :

— Ne m'as-tu pas dit qu'elle aimait la musique? demanda Camille.

— Passionnément! elle est même assez bonne musicienne, à ce que je crois.

— L'as-tu entendu chanter ou exécuter?

— Jamais : la pauvre fille n'a pas de piano.

— Elle en aura un.

— Comment cela ?

— Je n'en sais rien ; mais je te dis, moi, qu'elle en aura un.

— Tu vas tout de suite aller trop loin, Camille.

— Je n'irai pas loin pour lui trouver un piano : ce sera le tien.

— Comment le mien ?

— Sans doute.

— Mais mon piano est un bastringue.

— Je le sais bien, et c'est justement à cause de cela.

— Tu lui donneras un mauvais piano ? fi donc !

— Oh! que tu es bête, cher ami !

— Merci !

— Non, c'est un mot d'amitié... Mais, comprends donc ! je t'ai dit cent fois que je ne pouvais pas souffrir ton piano, qu'il était d'un ton trop haut pour moi... Quelle voix a-t-elle ?

— Une voix de contralto.

— C'est cela ! tu as une voix de baryton, toi. Nous changerons ton piano; je mets cinq cents francs de retour : vous avez un piano excellent ! Un piano, n'est-ce pas comme un parapluie ? Un seul suffit pour deux et même pour trois !

— Mais Camille...

— C'est déjà fait : le piano est acheté ; demain, il sera ici.

— Tu me trompes, Camille !

— C'est comme j'ai l'honneur de te le dire. Je voulais te ménager cette surprise pour le jour de ta fête ; mais comme le jour de ta fête est passé, je l'ai remise au jour de ta naissance ; seulement, comme le jour de ta naissance n'est pas venu, et que cela m'ennuie de jouer sur un piano trop haut pour moi, je te donne l'objet demain, c'est-à-dire le jour de la naissance de ton père, de ton oncle, de ta tante, ou d'un de tes cousins... Que diable ! il y a bien quelqu'un de ta famille qui soit né demain!

— Oh! Camille! s'écria le Breton ému jusqu'aux larmes, merci, mon ami, merci!

qu'un de ta famille qui soit né demain!

— Oh! Camille! s'écria le Breton ému jusqu'aux larmes, merci, mon ami, merci!

IX

La Gemma di Parigi.

Malgré l'étendue du livre que nous publions, et le plaisir qu'un auteur toujours trouve dans l'analyse du caractère de ses personnages, il n'entre point dans notre plan de suivre, jour par jour, la vie de nos trois jeunes gens ; ce que nous eussions fait si nous eussions publié leur histoire isolée, mais ce que nous n'osons risquer, du moment où cette histoire n'est qu'un épisode de ce grand tout que nous livrons à la curiosité de nos lecteurs.

Nous dirons donc seulement que Camille exécuta ses desseins comme il les avait exposés à Colomban.

Carmélite, n'ayant pas d'objection à faire pour la rémunération de son travail en voyant le prix exorbitant des factures de Camille, accepta l'offre du jeune homme, et, à partir de ce jour, l'intermédiaire, cette sangsue qui s'engraisse de la substance du producteur et de l'acheteur, étant supprimé, le bien-être entra dans la maison; seulement la jeune fille fit plus de difficultés à l'endroit du piano nouvellement acheté, et qu'il s'agissait de faire passer de l'appartement des deux amis dans le sien. Mais pressée par Colomban, pour lequel elle avait une affection mêlée de respect, elle se décida à ouvrir sa porte à l'hôte mélodieux.

Il y eut plus, elle consentit à recevoir des leçons de chant que les deux jeunes gens se chargèrent de lui donner tour à tour.

Carmélite déchiffrait et exécutait brillamment à première vue les morceaux les plus hérissés ; son doigté était élégant, mais son ignorance en musique était au moins égale à son ignorance en amour.

Elle jouait sans bien connaître la valeur de ce qu'elle jouait, et c'est là — qu'on permette un instant à un profane de se mêler de ce qui ne le regarde pas — c'est là le grand vice de l'éducation musicale que les jeunes filles reçoivent dans les pensionnats. On farcit la tête des élèves d'une musique détestable, sous prétexte que c'est de la musique facile. Ainsi, que le professeur soit malheureusement doué d'une de ces voix désastreuses que l'on appelle des voix de salon — ce qui signifie clairement une voix impossible au théâtre — qu'il ait, en outre, la fièvre endémique des chanteurs, qui consiste à composer soi-même des romances, comme s'il suffisait d'avoir une voix quelconque pour être musicien; eh bien ! ce professeur va inculquer à toutes ces jeunes têtes des fantaisies d'un goût presque toujours équivoque ; s'il ne chante pas, le péril est à peu près le même ; au lieu de ses romances, il imposera ses quadrilles, ses valses, ses galops, ses fantaisies, ses variations, ses caprices, — tristes caprices ! sottes variations !

Pour Dieu ! mesdames les maîtresses de pension, exigez donc de vos professeurs qu'ils enseignent la musique qu'ils ont apprise, et non pas celle qu'ils font! Comment! vous avez les chefs-d'œuvre de ces grands-maîtres, de ces gigantesques géants qu'on appelle Haydn, Haendel, Gluck, Mozart, Weber et Beethowen, et vous autorisez les gavottes de ces messieurs?

On croirait que c'est impossible!

Point : la chose arrive, au contraire, tous les jours.

La pauvre Carmélite, avec toutes ses dispositions naturelles, en était là; on ne lui avait jamais mis entre les mains que de la musique de troisième ou quatrième ordre, et elle ignorait tous les enchantements de la musique véritable.

Aussi accueillit-elle les premières paroles des deux jeunes gens sur ce sujet avec enthousiasme.

C'était tout simplement une révélation.

Seulement, une lutte s'engagea entre les deux amis.

Colomban, grave et sérieux comme un Allemand, d'ailleurs élève du vieux Müller, trouvait toute la forme de ses pensées et de ses rêveries dans la musique allemande.

Camille, vif et léger comme un Napolitain, ne comprenait, n'admirait, n'admettait que la musique italienne,

Il y avait juste, entre leurs goûts en musique, la différence qui existait entre leurs caractères.

Mille discussions s'élevaient donc entre eux à propos de l'éducation musicale de Carmélite.

— La musique allemande, disait Colomban, ce sont les passions humaines mises en musique.

— La musique italienne, disait Camille: c'est la rêverie mise en chanson.

— La musique allemande est profonde et triste, disait Colomban, comme le Rhin coulant à l'ombre de ses sapins et de ses rochers.

— La musique italienne est joyeuse et azurée, disait Camille, comme la Méditerranée à l'ombre des lauriers-roses.

Le combat se fût éternisé, si le sage Breton n'eût proposé un armistice.

Colomban offrit de faire étudier simultanément à la jeune fille la musique de Beethowen et de Cimarosa, de Mozart et de Rossini, de Weber et de Bellini.

Ces deux routes étaient différentes, mais, par un détour, conduisaient au même but.

On commença donc, et la jeune fille reçut les leçons des deux amis.

Au bout de trois mois, elle était en état de chanter très remarquablement un trio avec eux.

A partir de ce jour, le bonheur était entré dans la maison, comme trois mois auparavant, le bien-être y était entré par la même porte et le même chemin.

On se réunissait presque tous les soirs dans le petit salon de la jeune fille,—salon dont Camille, l'homme inventif, avait eu l'idée de faire renouveler le papier, un jour, en l'absence de Carmélite, afin d'épargner autant que possible à l'orpheline le souvenir cruel de la chambre où sa mère était morte ; — on passait là, entre sept heures et minuit, des soirées charmantes qu'on était tout surpris de voir s'écouler si vite.

Colomban, doué d'une voix de baryton

d'une ampleur prodigieuse, chantait tantôt un morceau de Weber ou de Mozart, tantôt un air de Méhul ou de Grétry.

Camille avait une voix de ténor d'une douceur, d'une pureté, d'une suavité angéliques; quand il attaquait l'air de *Joseph* :

Champs paternels! Hébron, douce vallée!

il y avait dans son accent une telle tendresse, une tristesse si profonde, que ni Colomban ni la jeune fille ne pouvaient entendre la reprise de cet air sans sentir leurs yeux se mouiller de larmes.

Carmélite n'osait chanter seule ; elle n'avait jusque-là fait entendre sa voix, et encore timidement, que dans des duos avec l'un ou l'autre des deux amis, ou dans des trios avec tous les deux.

C'était une voix d'une largeur et d'une puissance extraordinaires : dans certains airs en mineur, il sortait de cette bouche d'enfant des notes éclatantes comme les sons de la trompette dans une marche funèbre.

En d'autres moments, cette voix sanglotait comme le son d'un violoncelle.

D'autres fois, les notes qui s'en échappaient étaient douces comme les sons d'une flûte de cristal, ou mélancoliques comme les accents du hautbois.

Les deux amis l'écoutaient avec ravissement, et Camille, qui autrefois ne manquait pas un jour d'Opéra, n'y avait pas remis les pieds depuis qu'il avait entendu pour la première fois ce qu'il appelait la perle de Paris, — *la gemma di Parigi.*

Tous deux étaient surpris des progrès que Carmélite faisait d'heure en heure.

Un soir ils furent abasourdis en lui entendant chanter d'un bout à l'autre toute la partition de *Don Juan,* qu'ils ne lui avaient donnée que la veille. La jeune fille avait, en effet, une mémoire prodigieuse : il [lui suffisait d'entendre chanter une seule fois un morceau pour le répéter note pour note un quart d'heure après.

Colomban avait toute une collection de musique allemande; mais, en quelques mois, elle fut épuisée. Alors, Camille se chargea de pourvoir aux besoins de la société philharmonique : il fouilla tous les magasins, faisant choix, comme de raison, des morceaux de ses maîtres favoris, morceaux que Colomban appelait des œuvres de basse latinité.

La jeune fille dévorait fiévreusement toutes ces partitions, et, peu à peu, sa tête s'ornait des œuvres principales de tous les grands maîtres; et, comme le chant ne lui faisait pas négliger l'exécution, il arriva qu'au bout d'un certain temps, elle était devenue une musicienne d'une science et d'un talent merveilleux.

Les soirées se passaient donc ainsi, à s'écouter chanter les uns les autres; c'était l'occupation principale; puis, après chaque morceau, venaient quelque saillie de Camille, — saillie irrésistible, et qui jetait ses auditeurs dans des accès de rire d'enfants.

Ou bien encore c'était une aventure de voyage, aventure piquante ou hasardeuse, mais toujours racontée chastement.

Une chose surtout émerveillait Colomban, c'est que ce voyageur insoucieux, qui, pour lui, avait visité l'Italie, la Grèce, l'Asie Mineure en oiseau de passage qui n'a rien vu, rien retenu, rien compris, semblait, depuis qu'il avait à raconter ses voyages à Carmélite, avoir voyagé à la fois en savant, en peintre, en poète. Tantôt il racontait ses recherches au milieu des ruines ; tantôt ses promenades au clair de la lune, au bord des grands lacs, ses campements dans le désert aride ou dans les forêts vierges ; et, alors, c'était un nouveau Camille, — un Camille inconnu, aux récits pleins de couleur, de passion, d'enthousiasme et de franchise.

Colomban était tout étourdi de la métamorphose; il lui apparaissait dans un éblouissant éclat, ce n'était plus le gamin léger, éventé, insouciant et vantard; c'était un cavalier charmant, réunissant à la fois les qualités et la distinction de l'homme du monde, le brio et l'aventureux de l'artiste.

Qui donc avait opéré ce miracle? Colomban l'ignorait; puis, d'ailleurs, il ne songeait pas à se le demander.

Mais nous, lecteurs, qui sommes plus curieux que le Breton, cherchons ensemble d'où venait ce changement dans l'esprit et les manières de Camille *de* Rozan, comme il s'appelait parfois lui-même, moitié plaisamment, moitié fièrement.

La cause de ce changement n'est pas difficile à trouver.

Avez-vous vu un paon se promener sur l'arête aiguë d'un toit? Rien de plus beau, sans doute, mais, en même temps, rien de plus triste ni surtout de plus infatué de sa personne! seulement, qu'il aperçoive de loin une paonne, aussitôt il relève son éventail de diamants, de perles et de rubis.

Eh bien, les diamants, les perles et les rubis dont les récits de Camille étaient semés, rayonnaient sous les regards de la jeune fille.

Il faisait la roue, comme le dit une phrase triviale, mais expressive.

Il eût vécu vingt ans avec Colomban, qu'il n'eût pas fait à l'amitié l'honneur d'étaler pour elle une des pierres précieuses de son riche écrin.

Mais, pour ce dieu mystérieux et inconnu qui plane invisible au-dessus de la tête des jeunes filles, Camille n'avait pas assez de trésors de beauté, d'esprit et d'imagination.

Il en est de deux vieux amis comme du mari et de la femme : ils ne se croient pas obligés de se mettre en frais l'un pour l'autre ; mais qu'un tiers apparaisse, et, à l'instant même, la conversation va devenir étincelante comme celle de deux muets retrouvant tout à coup la parole.

L'honnête Colomban n'attribuait pas la taciturnité passée de Camille, et sa volubilité présente, à d'autre cause que le caractère inégal et capricieux du jeune homme.

Pour Carmélite, élevée dans la sévère pension de Saint-Denis, devenue ensuite la garde-malade de sa mère et le témoin de sa mort, la tristesse avait fait jusque-là le véritable fond de sa vie, et le grave Breton continuait à son insu, et à l'insu même de la jeune fille, les leçons bienfaisantes mais attristantes du pensionnat.

Si, en ce moment, marchant droit à son cœur, une interpellation directe lui eût demandé quel était celui des deux jeunes gens qu'elle aimait le mieux, elle eût incontestablement, sans hésitation, par instinct naturel, par entraînement irrésistible, désigné Colomban.

Son caractère sérieux, loin de le faire repousser, l'attirait à elle ; ils se rencontraient à chaque instant l'un l'autre, dans les appréciations qu'ils portaient sur tous les sujets.

Camille, au contraire, avait un caractère entièrement opposé à celui de la jeune fille : ses vivacités l'inquiétaient; ses légèretés la choquaient; elle était toujours prête, en sœur aînée, à le gronder comme un écolier, car sa nature forte et résolue lui avait donné sur Camille un peu de cet empire que Colomban avait pris, dès le collége, sur son condisciple américain. Elle avait pour lui plutôt cette sollicitude qu'on a pour les enfants que la tendresse qu'on éprouve pour un jeune homme.

Lorsqu'elle travaillait où qu'elle voulait

être seule, si Camille entrait à l'improviste, elle n'était pas embarrassée pour lui dire : « Allez-vous en, Camille; vous me gênez!

Elle n'eût jamais osé dire une semblable parole à Colomban.

D'ailleurs, Colomban ne la gênait jamais.

Il en résulta que Carmélite elle-même se trompa sur ses sentiments : elle prit, peu à peu, cette familiarité qui s'établissait entre elle et Camille pour une plus grande vivacité d'affection; elle prit pour de la crainte cet amour respectueux, mais profond, qui l'attachait à Colomban.

Colomban semblait la retenir ; Camille paraissait l'entraîner.

Elle était aimée par Colomban, elle était séduite par Camille.

Comment l'enfance entrevoit-elle la vie, sinon comme une guirlande de fleurs dont la plus belle est la plus éclatante? comment la jeune fille entrevoit-elle l'amour, sinon comme une terre promise où elle va pouvoir effeuiller sa couronne de rêves?

La vie avec Colomban, c'était l'étude et le travail de chaque jour ; la vie avec Camille, c'était un voyage éternel à travers le pays bariolé de la fantaisie.

Si l'envie prenait à Carmélite d'apprendre, le soir, un morceau de musique dont on venait de parler, Colomban lui disait :

— Demain, vous l'aurez.

Mais Camille, prompt à contenter les désirs des autres, comme il était ardent à satisfaire les siens, Camille, fut-il minuit, la pluie tombât-elle à torrents, les magasins fussent-ils fermés, les éditeurs fussent-ils endormis, Camille, insouciant de la pluie et de l'heure ; Camille, courant à pied à travers tout Paris, allait faire tapage à la porte du marchand jusqu'à ce que celui-ci, attiré par le prix exagéré que le jeune homme offrait vu l'heure tardive, se décidât à ouvrir.

Un jour, au Luxembourg, Carmélite avait manifesté, assez vaguement d'ailleurs, le désir d'avoir une ou deux fleurs d'un marronnier rose.

— Je connais, dit Colomban, un pépiniériste qui demeure rue de la Santé ; à votre retour, vous aurez, chère Carmélite, une brassée de ces fleurs.

Mais Camille, agile comme un chat, malgré les justes reproches de Colomban, qui lui rappelait qu'ils étaient dans un jardin public, Camille était déjà grimpé dans l'arbre, avait cassé toute une branche du marronnier rose, et était descendu triomphant, sans avoir été aperçu d'un seul gardien; car il y avait chez lui une espèce d'alliance entre le bonheur et l'audace : un chiromancien qui eût étudié la main de Camille, eût certainement reconnu et suivi, du mont de Mars au poignet, la ligne de bonheur, droite, ferme, sans aucune déviation ni brisure.

En effet, il était impossible d'être à la fois plus téméraire et plus heureux que ne l'était Camille.

Ces faits et d'autres semblables qui se renouvelaient à tous propos et à chaque instant, inspirèrent à Carmélite une grande affection pour le jeune homme, affection qui participait autant de l'étonnement que de l'admiration.

Colomban s'aperçut, à plusieurs symptômes, de l'attraction que le créole exerçait sur la jeune fille.

— C'est bien naturel, se dit-il d'abord sans s'inquiéter de cette attraction : il a la beauté, la gaîté, la grâce, l'éclat; je n'ai, moi, que la tristesse et la force.

Puis, peu à peu, dans la probité de son cœur — et à mesure qu'il pensait ainsi, son front devenait plus sombre et son cœur plus serré — peu à peu, il se disait :

— Mon Dieu ! vous m'avez fait, à vingt-quatre ans, grave et sévère comme un vieillard ! Quel triste compagnon vais-je être pour une jeune fille de dix-huit ans, dont tous les appétits seront antipathiques aux miens ?... Et, cependant, ajoutait-il, doutant encore, tout me dit que j'étais capable de faire le bonheur de Carmélite, et que j'en aurais eu la puissance et la force, comme j'en ai le désir et la volonté !

Puis il les regardait, beaux, jeunes, souriants, pressés l'un à côté de l'autre, et il lui semblait que les deux auréoles de jeunesse qui ceignaient leur front n'en formaient plus qu'une, et que c'était une auréole d'amour.

Alors, il secouait la tête, et, debout, pâle, dans l'ombre, tandis que Camille et Carmélite rayonnaient de lumière :

— Je voudrais inutilement m'illusionner, disait-il ; ces deux jeunes gens s'aiment, et c'est justice ; ils semblent faits l'un pour l'autre... Et, cependant, j'avais rêvé une autre existence pour elle... Chère Carmélite ! j'en eusse fait une haute et fière dame ! Camille voit mieux que moi : il en fera une femme heureuse !

Et, à partir de cette heure, Colomban,

malgré des regrets poignants, malgré la tristesse qui l'envahissait de jour en jour, résolut de faire abnégation entière de lui-même, et d'enrichir Camille des trésors qu'il avait amassés.

Un soir que Camille et Carmélite avaient chanté d'une voix ravissante, appuyés l'un à l'autre, cheveux flottants, haleines mêlées, un duo d'amour dans lequel avaient vibré toutes les cordes, de cette passion humaine qui touche presque à l'octave céleste, Colomban en rentrant dans sa chambre, posa la main sur l'épaule de Camille, le regarda gravement, et, des larmes plein les yeux, des soupirs plein la poitrine, mais d'une voix calme, il lui dit :

— Camille, tu aimes Carmélite !

— Moi ? s'écria Camille rougissant. Je te jure...

— Ne jure pas, Camille, et écoute-moi, dit Colomban. Tu aimes Carmélite, à ton insu peut-être, mais tu l'aimes profondément, sinon de la même façon, du moins autant que je l'aime moi-même.

— Mais Carmélite ?... dit Camille.

— Je n'ai point interrogé Carmélite, répondit Colomban ? A quoi bon ? Non, je sais assez quel est l'état de son cœur ! J'ai voue, à votre louange à tous deux, que la lutte a été longue, et que c'est en quelque sorte malgré vous que vous avez été entraînés l'un vers l'autre... Voici donc quel est mon projet...

— Non! non! s'écria Camille, c'est à moi de te dire mon projet, Colomban. Il y a assez longtemps que je reçois de toi sans rien te donner, que j'accepte tes dévoûments sans pouvoir te les rendre! Tu as peut-être raison : oui, je suis sur le point d'aimer Carmélite, de trahir notre amitié; mais, de cet amour, je te jure, Colomban, que je ne lui ai jamais dit un mot, et que, jusqu'à ce moment, jusqu'à cette heure où tu vas l'arracher du fond de mon cœur pour le mettre devant mes yeux, je me le suis caché à moi-même... C'est la première faute que j'aie commise envers toi; mais, je te le répète, je ne me doutais pas, en glissant sur cette pente si douce de l'amitié à trois, je ne me doutais pas que j'allais tout droit à l'amour. Tu le vois pour moi : merci! tu me le dis: tant mieux! il est encore temps! Oui, oui, cher Colomban, j'étais sur le point d'aimer Carmélite, et cet amour me fait horreur, comme si Carmélite était la femme de mon frère! J'ai donc, en t'écoutant, en sondant mon cœur, pris une résolution suprême: dès ce soir, je pars!

— Camille!

— Je pars... je vais mettre entre mes désirs et ma passion une barrière infranchissable; je traverserai la mer, et j'irai vivre au fond de l'Écosse ou de l'Angleterre; mais je quitterai Paris, mais je quitterai Carmélite, mais, toi-même, je te quitterai!

Et Camille se mit à fondre en larmes, et se jeta sur le canapé.

Colomban resta debout et ferme comme le roc de ses grèves, où, depuis six mille ans, vient se briser le flot de la mer.

— Merci de ta généreuse intention! dit-il; je t'en sais gré comme du plus grand sacrifice que tu puisses me faire; mais il est trop tard, Camille!

— Comment, trop tard? répondit le créole relevant sa tête toute baignée de larmes.

— Oui, trop tard! reprit Colomban. Quand même j'aurais l'égoïsme d'accepter ton dévoûment, arracherais-je maintenant du cœur de Carmélite l'amour qu'elle a pour toi?

— Carmélite m'aime? tu en es sûr? s'écria Camille bondissant sur ses pieds.

Colomban regarda le jeune homme, dont le visage s'était séché comme sous les rayons du soleil d'août.

— Oui, elle t'aime, dit-il.

Camille comprit tout ce qu'il y avait d'égoïste dans cet éclair de joie, qui, par ses yeux, venait de jaillir de son âme.

— Je partirai, dit-il : loin des yeux, loin du cœur !

— Vous ne vous séparerez pas, répondit Colomban, ou plutôt je ne vous séparerai pas. Je serais donc bien lâche si je ne savais pas dompter un amour qui ferait le malheur d'un frère et d'une sœur !

— Colomban ! Colomban ! s'écria le créole, voyant l'effort que son ami faisait sur lui-même.

— Ne t'inquiète pas de moi, Camille, les vacances arrivent dans quelques jours ; c'est moi qui partirai.

— Jamais !

— Je partirai, aussi vrai que je te le

dis... Seulement, ajouta le Breton d'une voix tremblante, tu me promets une chose, Camille?

— Laquelle ?

— Tu me promets de faire le bonheur de Carmélite?

— Colomban ! fit le créole en tombant dans les bras de son ami.

— Tu me jures de la respecter tant qu'elle ne sera pas ta femme?

— Devant Dieu! jura solennellement Camille.

— Eh bien, dit Colomban s'essuyant les yeux, j'avancerai mon voyage de quelques jours; car, tu comprends bien, Camille? continua le Breton d'une voix étouffée, si fort que je sois, je suis résigné de trop fraîche date pour avoir incessamment sous les yeux le spectacle de votre bonheur... Je vous affligerais comme un reproche! — Je partirai donc dès demain, et mon désespoir aura cela de bon, qu'il donnera à mon pauvre père quelques jours de bonheur de plus!

— Oh! Colomban! dit Camille en embrassant le noble Breton, oh! Colomban! que je suis chétif et misérable à côté de toi! Pardonne-moi de te condamner à cet éternel sacrifice de ton bonheur; mais, vois-tu, mon cher, mon vénéré Colomban, je te trompais en te disant que j'allais partir; je ne serais pas parti: je me serais tué!

— Malheureux! dit Colomban. Je partirai, moi, et ne me tuerai pas: j'ai un père!

Puis, d'un ton plus calme :

— Et, cependant, dit-il, tu comprends

que l'on meure pour une femme que l'on aime, n'est-ce pas?

— Je ne comprends pas, du moins, que l'on vive sans elle.

— Tu as raison, répondit Colomban; parfois ces idées me sont venues à moi-même.

— A toi, Colomban? dit Camille effrayé, car ces paroles dans la bouche du sombre Breton avaient une bien autre signification que dans celle de l'insoucieux créole.

— A moi, Camille! oui... Mais rassure-toi! continua Colomban.

— Oui, tu l'as dit, tu as un père!

— Puis encore, je vous ai tous deux, mes bons amis, et je craindrais de vous laisser un remords. — Rentre donc chez toi, Camille; je suis calme; je n'ai plus maintenant qu'un désir : revoir mon père !

Puis, quand le jeune homme, impatient d'être seul, l'eût laissé sombre et désolé comme un arbre dépouillé de son feuillage par le vent de décembre :

— Mon père ! continua Colomban ; ah ! j'eusse dû ne le jamais quitter !...

FIN DU QUATRIÈME VOLUME.

Fontainebleau. Imp. de E. Jacquin.

Ouvrages d'Eugène Sue.

La Famille Jouffroy.	7 vol.
Mémoires d'un mari	4 vol.
Fernand Duplessis.	6 vol.
Gilbert et Gilberte	7 vol.
La marquise d'Alfi	2 vol.
L'Institutrice	4 vol.
Les Enfants de l'Amour	4 vol.

Ouvrages d'Alexandre Dumas.

Les Mohicans de Paris	4 vol.
Catherine Blum	2 vol.
Vie et aventures de la princesse de Monaco.	5 vol.
El Saltéador.	3 vol.
Souvenirs de 1830 à 1842	4 vol.
Un Gilblas en Californie.	2 vol.
Les Drames de la Mer.	2 vol.
Le Pasteur d'Ashbourn.	8 vol.
Conscience	5 vol.
Olympe de Clèves	9 vol.
La Comtesse de Charny.	16 vol.
Le Trou de l'Enfer	4 vol.
Dieu dispose	6 vol.
La Femme au collier de velours	2 vol.
Histoire d'une colombe	2 vol.
Ange Pitou	8 vol.
Le Collier de la reine.	11 vol.
Le Véloce.	4 vol.
Mariages du père Olifus.	5 vol.
Les mille et un fantômes	2 vol.
La Régence	2 vol.
Louis XV.	5 vol.
Louis XVI.	5 vol.
La comtesse de Salisbury	6 vol.

Fontainebleau, imp. de E. Jacquin.

www.ingramcontent.com/pod-product-compliance
Lightning Source LLC
Chambersburg PA
CBHW060356170426
43199CB00013B/1889